폭력과
존엄
사이

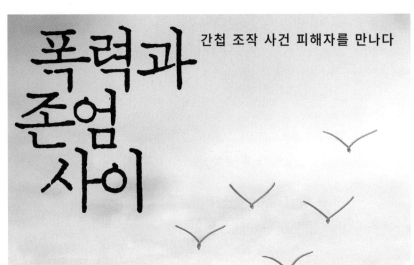

폭력과
존엄
사이

간첩 조작 사건 피해자를 만나다

은유 지음

지금여기에 기획

오월의봄

차례

잠깐 내린 눈

우리가 보는 것은 피와 살로 고동치는
삶의 어느 한 부분이다.

– 로자 룩셈부르크

간첩 조작 사건을 다룬 다큐멘터리 〈자백〉을 보던 날, 영화를 보는 내내 울던 친구는 극장을 나서며 한숨 쉬듯 말을 뱉었다. "저 억울함을 안고 어떻게 살았을까." 사소한 억울함도 참지 못하는 게 사람인데 저토록 큰 사건에 휘말려 육신을 몰수하는 고문을 겪고 간첩의 멍에를 지고 사는 삶이라니, 감히 상상하기 어려운 것이다.

이 책은 그 질문에 대한 대답이다. 억울한 사람은 무엇으로 사는가. 죄 없는 사람을 죄인으로 만드는 불공정한 일은 어째서 발생하는가. 국가라는 추상적 실체가 폭군처럼 들이닥칠 때 일상은 어떻게 파괴되는가. 그 폐허 위에서 또 다가오는 하루를 누구와 어떻게 살아가는가, 망가진 일상을 복구하는 힘은 무엇인가. '왜 하필 나일까'라는 물음의 도돌이표를 어떻게 안고 사는가, 그런 이야기를 담아냈다.

김순자(71), 이성희(90), 박순애(86), 김홍수(80), 김평강(76), 고 심진구의 처 이정미(52), 김용태(57)가 그 주인공이다. 간첩 조작 사건에 휘말린 각각의 생애 서사에는 노동, 여성, 빈곤, 노인 문제 등 한국 사회 구조적 모순이 들어 있었다. 만들어진 간첩이기 전에 그들은 딸이라서 배움의 기회를 차단당하고 모진 시집살이와 가부장의 폭력을 견디는 젠더 불평등의 희생자였고, 저임금 장시간의 노동조건을 바꿔보고자 투쟁하던 구로 공단 노동자였다. 분단 조국의 설움에 못 이겨 통일을 위해 앞장서는 가슴 뜨거운 시민이었고, 입 하나 덜기 위해 열네 살부터 고깃배를 탄 착실한 아들이었고, 고향에 돌아갈 날을 기다리며 일요일도 없이 초침처럼 일하는 재일교포 가장이었다. 당시로는 드물게 법조인을 꿈꾸던 여대생이었고, 한글을 몰라도 고기 잡고 자식 키우고 먹고사는 데 아무 지장 없는 평범한 어부였다.

그러던 어느 날 간첩이 되었다. "우든 좌든 벌레처럼 기어서 어디 붙어서라도 살아야"(박완서) 했던 극단적 반공이념 시대 전후에 태어나 삶의 터전을 일구던 자리에서 꼼짝없이 짓밟혔다. 모든 폭력이 발생하는 원리가 그렇듯이 가해자는 "그래도 되니까" 조작한 것이고, 피해자는 "그래도 되는 사람들"이니까 조작 대상이 됐다. 한 사람을 간첩으로 만드는 일은 의외로 간단했다. 조작 대상은 재일동포 유학생 혹은 교민이거나 강제 납북된 어부, 북으로 넘어간 친척이 있는 이산가족들이다. 영장도 없이 국가기관에 끌려가 발가벗겨진 채 발길에 차이고 매질에 피를 쏟고 전기의자에 앉는 고문을 당한다. 초인적 힘으로 버티던 그들은 "가족을 데려다 똑같이 고문하겠다"는 협박에 무너지거나 고립의 공포와 밤낮없는 가혹행위에 심신이 허물어져 거짓 자술서에 손도장을 찍는다.

이 과정에는 여러 분야의 전문 인력이 동원된다. 사람을 사람 아닌 상태로 비틀어버리고 없는 사실을 있는 사실로 만들어내는 고문 기술자. 그 고문으로 혼절하면 언제든지 달려와 죽지 못하게 살려두고 다시 고문받을 수 있도록 내버려둔 의사. 나는 인터뷰이의 말 속에 조연처럼 잠깐씩 등장하는 의사의 존재가 더없이 궁금했다. 차가운 시멘트 바닥에 몰골이 짓이겨진 환자를 두고 빠져나오며 그들은 어떤 생각을 했을까. 어떤 합리화로 자신이 목도한 비참에 눈감았을까. 간첩 만들기의 주연 배우는 물론 법조인이다. 삼권분립주의와 법치주의에 입각하여 법을 해석하고 판단하여 적용하는 헌법기관은 다르지 않을까, 법정에 가면 그래도 '판사님'은 내 진실을 알아주지 않을까 일말의 기대를 가졌다고 인터뷰이들은 하나같이 말했다. 그 믿음은 헛되고 헛됐다.

"모든 것이 애매합니다만 사형에 처해주십시오. 검사가 이래요. 아니 모든 게 애매한데 어떻게 사형이냐고."(김평강) "검사가 보안사에 다시 넘어가고 싶지 않으면 제대로 하라고 지들끼리 눈을 꿈쩍꿈쩍하고 그래. 우리나라 공안검사들은 인간이 아니라니까." "변호사를 300만 원 빚내서 겨우 구했는데 대뜸 보자마자 그러는 거라. 전부 다 부인한다고 해서 판사가 알아주지도 않으니 시인할 건 시인하고 갑시다. 아니 뭘 시인해요. 다 조작인데."(김용태) 이 일사불란한 무한 폭력의 회로에 갇혔던 김흥수는 이렇게 말했다. "배운 사람들이 그러는 걸 보고 못 배운 걸 한탄하지 않았습니다."

이들을 죽음 직전까지 몰고 간 고문 기술자는 간첩 조작 사건 이후 특진해서 중앙의 요직으로 가거나 국회의원이 되기도 했다. 공안검사 출신들은 '공안통'이라는 훈장을 달고 여전히 전문가 행세를 하며 TV에 얼굴을 내밀고 이 사회 주요 자리에서 일신의 영달을 누리고 있다. 말 그대로 '응징 없는 역사가 불러온 무간지옥'이 아닐 수 없다. 나쁜 지도자 한 사람이 국가 폭력 시스템을 작동시키는 것은 불가능하다. 간첩 조작 사건에 복무한 이들처럼 어떤 상황에서도 감정을 느끼지 않고 타인의 고통에서 눈 돌리고 성찰하지 않는 사람들의 성실한 임무 의식, 그리고 "관습 속으로 들어와버린 비겁함"(프리모 레비)이 사회 곳곳에 악의 저변을 확대하고 지옥의 통로를 내는 것이다.

우리가 타인과 공유하는 이 세상에 인간의 사악함이
빚어낸 고통이 얼마나 많은지를 인정하고, 그런

자각을 넓혀나가는 것도 아직까지는 그 자체로
훌륭한 일인 듯하다. 이 세상에 온갖 악행이 존재하고
있다는 데 매번 놀라는 사람, 인간이 얼마나 섬뜩한
방식으로 타인에게 잔인한 해코지를 손수 저지를
수 있는지 보여주는 증거를 볼 때마다 끊임없이
환멸을 느끼는 사람은 도덕적으로나 심리적으로 아직
성숙하지 못한 인물이다. 나이가 얼마나 됐든지 간에,
무릇 사람이라면 이럴 정도로 무지할 뿐만 아니라
세상만사를 망각할 만큼 순수하고 천박해질 수 있을
권리가 전혀 없다.

– 수전 손택, 《타인의 고통》, 167쪽

들고도 믿기 어려웠던 피해자의 말들, 보고도 의심했던
빽빽한 판결문과 사건 관련 자료들을 책상 위에 수북이 쌓아놓
고 나는 그것을 활자로 정리하는 데 1년여 시간이 걸렸다. 울릉
도에 가본 적도 없는데 울릉도 간첩단 사건에 연루되는 게 어떻
게 가능한지 이해하기 어려웠다. 세상에 이런 일이 어딨냐며 부
정하고 환멸하며 덮었다가 다시 펼쳐 한줄 한줄 정독하고 파악
하기를 반복했다. 끊어진 용수철처럼 자주 주저앉곤 했지만 내
겐 그럴 권리가 없었다. 세상의 악에 대한 무지는 나의 게으름
일 뿐, 그 엄연한 시간을 살아낸 분들에 대한 예의가 아니었다.

5년부터 17년까지. 영원 같은 옥살이를 마치고 나온 피해

자들은 일구월심(日久月深) 자신을 기다려준 가족이 있는 집으로 돌아가거나 아니면 연락할 데 하나 없는 막막한 처지에 놓였다. 신호등 앞에서 발걸음을 떼지 못할 정도로 생활 감각을 상실하고 가족은 "나를 찾지 말라" 외면하는 고립무원의 처지, 관계의 끈이 끊어진 이들은 도시 빈민층이 되어 식모살이, 막노동을 전전했다. 도쿄대 박사학위보다 간첩이라는 낙인이 더 위세를 부리던 세상인 탓에 명망 높던 수의학 교수는 강단으로 돌아가지 못하고 외딴 지역 양계장에서 닭을 돌보며 생계를 꾸렸다.

피해는 가족들에게까지 번졌다. 김용태의 아들은 경찰 시험에 합격했으나 최종 면접에서 탈락했고 스스로 목숨을 끊었다. 김순자의 딸은 엄마가 감옥에 들어갔던 시기에 생리대 살 돈이 없어 아무 집에나 들어가 일해주고 그 돈을 받아 생리대를 샀다고 했다. 이것은 얼마 전 알려진 저소득층 여학생이 신발 깔창에 휴지를 덧대어 생리대로 사용한다는 사연과 그대로 겹친다. 영구임대아파트에서 24년째 혼자 살고 있는 박순애가 자신의 방에서 잠자는 빨간 전화기를 가리키며 "언제나 그대로 여"라며 외로움을 이야기할 때 그는 고령화 사회 무연고 독거노인의 얼굴이 된다. 간첩 조작 사건 피해자는 특별한 사람이 아니라 내 친구의 할아버지이자 어머니이고 오가다 마주치는 이웃이며 버스 옆자리에 앉은 동료 시민인 것이다.

지난봄 김평강을 인터뷰하러 제주도에 갔다. 세월호에

탄 아이들이 수학여행을 왔을 제주의 선흘에 자리한 기억공간 '리본'에서 국가폭력 피해자 치유 프로그램을 진행했다. 시작을 앞두고 어르신들이 마당에 둥글게 둘러서서 담소를 나누었다. 그 모습을 보고 누군가 말했다.

"전직 간첩들, 여기 다 모였구만!"

새파란 4월의 하늘만큼이나 명쾌한 웃음이 터졌다. 간첩이란 말을 웃어넘기기까지 얼마나 오랜 세월이 필요했을까. 감히 짐작하기 어렵다. 모질고 지난한 한 세월을 살아냈고, 살아갔고, 살아 있다. 그들 모두 30~40년 만에 무죄를 밝혔고 억울함을 씻었다. 죽기 전에 그런 날이 올까 싶었는데 기어이 왔고 안 죽고 살아서 맞이했다고, 최고령 어르신 이성희는 말했다. 사실 난 인터뷰를 진행하면서 시간 감각에 애를 먹었다. 간첩의 누명을 쓰고 감옥에서 보낸 17년, '나는 무죄다'라는 외침으로 버틴 40년, 그 세월의 폭과 시간의 깊이를 헤아릴 수 없었다. 그래서 자꾸만 철없는 물음이 삐져나왔다. 어떻게 살았느냐고, 어찌 견디셨느냐고. 나의 우문에 김순자는 이렇게 답했다. "살긴 뭘 어떻게 살아. 그냥 살아 있으니까 산 거지." 이성희는 "복역 기간이 10년 지나니까 시간이 너무 안 가서 죽고 싶었다"고 도리질 쳤다. 박순애는 "선량한 사람의 운명을 뒤바꿔놓은 나라를 원망했다"며 긴 한숨을 짓다가 또 금세 눈을 반짝이며 말했다. "그래도 진실은 언제고, 반드시, 밝혀진다는 거, 나 그걸 알았네."

사람은 삶의 주기성을 제대로 깨닫지 못하거나 늦게, 너무 늦게 깨닫는다. 왜냐하면 경험이 쌓여야 알 수 있는 문제인데 누적된 증거가 없는 탓이다. 삶의 후반기에 이르러서야 주기성의 법칙을 확실히 깨닫게 되고 어떤 것이 지속되리라는 희망이나 두려움이 없어진다. 젊은이의 슬픔이 너무도 절망에 가까운 것은 젊음의 무지 때문이다. 젊은 시절 위대한 성취를 꿈꾸는 이유도 마찬가지이다. 삶은 너무나 길어 보이고, 너무도 많은 것을 담을 수 있을 것처럼 보인다. 삶에 필요한, 삶이 가져야만 하는 그 모든 간격─열망과 열망, 행동과 행동 사이의 간격, 잠을 위해 멈추는 시간들처럼 피할 수 없는 멈춤들─을 모르기 때문이다. 또한 숨 돌릴 휴지기가 어김없이 찾아온다는 것을 깨닫지 못한, 불행한 젊은이에게 삶이란 불가능해 보인다. 사람의 일에는 밀물과 썰물이 있다는 셰익스피어의 구절에 더 미묘한 뜻이 있다는 것을 깨닫는다면 마음의 평화가 있으리라.

─ 엘리스 메이넬 〈삶의 리듬〉, 《천천히 스미는》, 84쪽

인터뷰이 이정미는 국가폭력 피해자 고 심진구의 부인이다. 두 사람은 노동운동을 하다가 만났고 결혼한 지 한 달 만에 심진구가 집 앞에서 검은 승용차에 태워져 사라졌다. 왜 어디로

남편이 끌려갔는지 몰라 가슴이 졸아든 이정미는 거의 열흘 만에 안기부에서 연락을 받고 시내 호텔에서 남편을 만난다. 두 사람에게 대화는 허용되지 않았다. 건물 밖 입구에서 차를 빼러 간 안기부 사람들을 기다리던 중, 1~2분이나 될까 한 짧은 순간, 심진구는 부인에게 말했다. "나를 간첩으로 몰고 있다. 사람들에게 알려라." 그 순간 첫눈 같은 게 내렸고 그 기억이 콕 박혔다고 이정미는 반복적으로 진술했다.

잠깐 내린 눈. 간첩이라는 번갯불 같은 말이 내리치는 순간 하얀 눈이 내렸다는 것. 어쩐지 몽환적인 그 상황을 나도 가만히 그려보았다. 잠깐 내린 눈. 받아들이기 벅찬 현실을 위로하기 위해 하늘이 뿌린 선물이었을까. 가장 절망적인 순간을 가장 아름답게 기억하도록 하는 자연의 신비인가. 잠깐 내린 눈은 내가 간첩 조작 사건을 이해하는 중요한 메타포가 되었다. 잠깐 내린 눈. 아무도 보지 못한 사이에 발생한 일, 손등에 눈을 맞은 사람만 아는 일, 그렇지 않은 사람은 믿어주지 않는 일. 그 어떤 삶의 지독한 장난도 돌이켜보면 또 잠깐 내린 눈 같은 순간의 일. 무죄판결의 기쁨도 오래 머물지 않고 금세 시든다는 점에서 잠깐 내린 눈 같은 것. 잡힐 듯이 잡히지 않는 환영.

2016년 초 국가폭력 피해자를 기억하는 시민단체 '지금 여기에'에서 인터뷰집 발간 제안이 들어왔을 때 난 정중히 거절했다. 간첩 조작 사건 피해자란 존재가 너무 낯설었다. 그간 살면서 직간접적으로 접점이 없었기에 아무런 상이 잡히지 않았다. 내게 간첩 조작 사건이란 군부독재 시대를 휩쓴 광풍으로, 현대사 역사책에 누워 있는 단어일 뿐이었다. 그런데 인터뷰 작업이 국가폭력에 초점을 맞추는 게 아니라 피해자의 사는 이야기, 즉 삶의 질곡을 견디며 살아온 일상 그리고 끝내 무죄를 밝혀내고 존엄을 회복하는 이야기를 담는다는 것, 그리하여 몹시도 팍팍한 현실을 살아가는 젊은 세대들에게 힘과 용기를 주고 싶다는 기획 의도를 듣고 조심스레 용기를 냈다.

　　인터뷰 작업을 마친 나는, 어르신들을 만나지 않았으면 알지 못했을 한 세계를 본 것에 감사한다. 폭력과 존엄 사이를 눈물, 연민, 인식, 성찰, 화해, 신의로 채운 묵직한 생애 서사는 물론이고 소소한 에피소드도 뭉클하고 재미나다. 감옥은 바깥을 기준으로 폐쇄된 공간이지만 그 자체로는 하나의 완벽한 세계였다. 그곳에서 그들은 소꿉놀이하듯 김치를 담가 먹었고, 젓가락에 물을 묻혀 수학 문제를 풀었으며, 하얀 가운 입고 재소자들을 치료했고, 책을 돌려 읽었다. 밥을 거부하는 단식투쟁을 통해 더 나은 식사를 얻어냈다. 박순애는 '감옥 이야기'를 들려줄 때 가장 많이 고개를 뒤로 젖히며 웃었다. 김평강은 감옥에서 대접받고 잘 지냈다며 출소할 때 얼굴살이 통통히 오른 자신의 모습을 보고 모두들 놀랐다고 전했다. 이는 감옥도 살 만하다는 말이 아니라, 사람을 살게 하는 것은 장소의 여건보다 관계의 질이라는 사실을 말해준다. 아무리 궁궐 같은 집이라도 자신을 알아주는 사람이 없을 때 인간은 불행을 느낀다. 그러나 자신의 결백함을 알아주는 동료가 있고, 말이 통하는 벗과 책이 있고, 내가 가진 것을 남들과 나눌 수 있을 때 그들은 감옥이지만 살 만하다고 느꼈고 인간으로서 존엄을 지켜낼 수 있었다. 공부하기 좋은 환경, 남을 돕기에 적당한 조건, 더불어 사는 이상적 관계가 따로 있지 않음을, 자기에게 주어진 삶의 조건에서 하나씩 시도하고 배워가는 게 삶의 기술임을 '보안수' 어르신들은 몸소 보여주었다.

> 어둠 속에서 나는 삶을 향해 미소를 지어. 마치 악하고 슬픈 모든 것은 거짓임을 확인하고 그 모든 걸 순전한 빛과 행복으로 바꾸어내는 어떤 마법 같은 비결을 알아내기라도 한 사람처럼 말이야. 그리고 줄곧 내 자신 안에서 이런 기쁨의 이유를 찾아보려 하지만 아무것도 찾지 못한 채 그저 다시 스스로에게 미소를 짓는 수밖에. 스스로를 비웃기도 하고. 비결은 결국 삶 그 자체인 것 같아.
>
> ─ 케이트 에번스, 《레드 로자》, 177쪽

나는 삶에서 현명한 선택이 중요하다고 믿었다. 좋은 직업을 택하고, 좋은 배우자를 만나고, 좋은 집에 살고, 좋은 책을 고르면 잘 살 수 있다고 생각했다. 그런데 살아보니 꼭 그렇지만은 않았다. 삶은 스스로 선택한 일보다 선택하지 않은 일을 받아들이는 능력에 따라 좌우되곤 했다. 어느 날 닥친 느닷없는 사건들, 무작위로 날아온 화살처럼 내 마음을 후벼파는 일들, 그 역경을 대하는 태도와 망가진 일상을 복구할 관계가 훨씬 중요했다. 이 책에 나오는 어르신들의 긴 삶의 여정을 보면서 여실히 느꼈다. 삶에 닥친 인위적인 폭력 앞에서 그들은 침몰하지 않았고, 그 사건을 계기로 다른 세상으로 이동했다. 힘없는 사람을 돕고 생명을 살리는 의사로, 남들의 집을 지어주는 건축가로, 더 나은 세상을 만드는 활동가로 존재를 변신하거나 고향을 지키는 나무 같은 사람, 진실한 사랑을 실천하는 큰 사람이 되었다. 제아무리 각박한 세상일지라도 존재의 눈물을 알아보는 선한 인연은 어디선가 나타났고 두 손 잡아주었다.

이 책을 기획한 '지금여기에' 변상철 사무국장은 국가폭력 피해자들에게 귀인 같은 존재였다. 여기에 나오는 인터뷰이 일곱 명은 그가 2010년 즈음부터 진실화해를 위한 과거사정리위원회 조사관으로 일할 때 만난 피해자들이다. 그중에서도 재심 청구에서 기각되고 거의 포기하다시피 방치된 사건을 그가 맡아 치밀한 현장 조사와 증거 획득으로 무죄판결을 이뤄냈다. 그런 그를 어르신들은 은인으로 대접하고 자식처럼 의지했다. 나는 국가의 언어와 피해자의 언어를 알아듣지 못해 수시로 곤경에 빠졌는데 그럴 때마다 그에게 도움을 청했다. 피해자들 삶을 고스란히 체화한 그 덕분에 타인의 삶에 한걸음 더 들어갈 수 있었다.

　"기억이란 지나가는 물고기를 모두 잡는 일은 결코 없으면서, 종종 있지도 않은 나비를 잡아버리는 그물 같은 것이었다"고 미국 작가 리베카 솔닛은 말했다. 기억은 원래 누군가의 기억이다. 변형과 삭제, 왜곡을 필연적으로 내포한다. 그 한계에서 이 인터뷰도 진행되었다. 국가폭력 피해 당사자의 기억과 증언에 충실했다. 그래야 한다고 여겼다. 수사기관에서 거짓 자백을 강요당하고, 판검사 앞에서도 거짓 증언을 해야 했다. 감옥을 나온 후에도 간첩이 아니라는 사실을 오랫동안 숨기고 살았다. 자신을 온전하고 활발하게 드러내는 삶을 살지 못한 그들에게, 자기 합리화이든 삶의 의미화이든 후련하게 말할 기회가 주어진다면 그 또한 값진 일일 것이다. 이제 우리가 들을 용기로 화답할 차례다. 삶을 포기하지 않고 붙잡고 살아온 시간이 빚어낸 말들이 잠깐 내린 눈처럼 작은 위안이 되어주길, 폭력과 존엄 사이에서 휘청이는 이들에게 하나의 균형추가 되어주길 바라는 마음이다.

　2016년 11월, 첫눈을 기다리며
　은유

나도 인간,
지도 인간

동등하게 말해야 한다

김 순 자

무엇이든 말로 바꾸어놓았을 때 그것은 온전한 것이 되었다.
여기서 온전함이란 그것이 나를 다치게 할 힘을 잃었음을 의미한다.

- 버지니아 울프

"바람아, 너는 알고 있나 비야 네가 알고 있나, 무엇이 숲속에서 이들을 데려갈까." 2014년 여름, 김순자는 연극 〈상처꽃: 울릉도 1974〉를 보는 도중 흘러나온 이 노랫말에 울컥 목이 메었다. 그냥 가사가 아니었다. 자신의 처지가 딱 그랬다. 보험설계사로 일하던 사무실에서 어느 날 그는 무처럼 뽑혀나갔다. 바람도 모르게, 비도 모르게. 11년 전 아이를 낳고 산후조리하러 친정에 머물렀던 게 문제가 됐다. 당시 친정에는 북한 공작원으로 남파된 외당숙이 은거하고 있었다. 그로 인해 일가족 서른 명 중 열두 명이 '삼척고정간첩단'으로 엮였다. 아버지는 사형, 동생은 무기징역, 어머니는 징역 3년 6개월, 김순자는 5년형을 선고받았다. 어린 시절엔 여자라서 초등학교도 다니다 말고 농사를 도왔고 결혼 후엔 여자라는 이유로 남편의 외도와 폭행, 시집살이를 견뎠지만 외려 딸, 아내, 며느리의 역할을 벗어버리자 그는 '인간 김순자'로 돌아올 수 있었다. 출소 후 맨몸으로 식모살이, 여관 청소 등 온갖 허드렛일을 하며 3남매를 키워냈다. 동시에 민가협(민주화실천가족운동협의회)을 찾아가 자기 억울함을 호소하다가 다른 세계, 다른 고통을 목도했다. "강원도 산골짜기 출신 김순자가 데모하러 다니면서 서울 지리를 익혔다." 권력 앞에 기죽는 법 없던 그는 엉뚱하고도 악착같은 말하기의 힘으로 끝내 자신의 무죄를 밝혀냈다. 일흔을 바라보는 그의 눈물은 이제 타인의 삶으로 흘러넘친다. 세월호 아이들만 생각하면 아무 때고 눈물이 삐져나오는 사람, 위안부 할머니가 나온 영화를 보고 부쩍 서러워지는 사람, 삶이 무엇 때문에 중요한가를 알아야 한다고 말하는 사람으로, 김순자는 세상 속에 자기 자리를 찾았다.

해방둥이 김순자 현행범으로 체포되다

"순자냐, 영자냐?"

"순잡니다."

"1945년 7월 15일생. 해방둥이네?"

"해방둥이가 뭐예요?"

"해방되는 해에 낳았단 말이지 뭔 말이긴 뭔 말이야."

남영동 대공분실, 눈이 크고 얼굴이 하얀 수사관이 서류를 보면서 냉랭한 목소리로 물었다. 서른셋 김순자는 덜덜덜 떨리는 목소리로 간신히 입을 뗐다. 영자는 바로 아래 동생 이름이다. 김순자보다 먼저 잡혀간 다른 가족들은 이미 고문을 당해 쓰러져 있었고 일가족 간첩사건의 시나리오는 이미 완성돼 있었다. 수사관은 이게 맞냐, 저게 맞냐 사실대로 말하라고 다그쳤으나 김순자는 대답할 수 없었다. 죄다 처음 듣는 생소한 단어들이었기 때문이다. 공작금, 다대포, 통일혁명당, 조총련, 당과 수령, 방한복……

"보리 베고 모 심다가 논에 있는 흙이 옷에 다 묻은 채로 우리 아버지가 잡혀가고, 동생은 회사 사무실에서 잡혀오고, 나도 영등포 사무실에서 잡혀갔거든요. 화장실 좀 다녀오겠다고 했더니 가지도 못하게 해요. 11년 전 일로 잡아가면서 우리한테 현행범이라고 하대요. 그게 무슨 현행범이야. 현행범이라고 하는 것은 그 자리에서 죄를 짓고 잡혀가는 걸 말하는데 아니잖아

나도 인간, 지도 인간 동등하게 말해야 한다

요. 아무튼 내가 일주일 늦게 잡혀갔는데 그동안 식구들한테 미리 자백받아 놓고 나한테 일일이 확인하는 거야. 근데 기억이 나야 말이죠. 나 혼자서 애들 업고 보험회사에 10년을 다녔는데, 먹고살기 바빠서 다 지나간 일 생각할 새가 어딨어. 기억이 빨리 안 떠올라요."

1968년 일이다. 김순자는 시어머니 허락을 받고 친정에 다니러 갔다. 안방에서 잠을 자기 전 호롱불 앞에서 엄마랑 이를 잡고 있었는데, 장독대 뒷문 쪽에서 누군가 노크를 했다. 문을 열어주고 보니 외당숙이다. 아버지 외가 쪽 아들 둘이 한국전쟁 때 행방불명됐다는 말을 어릴 적에 들었는데 바로 그 사람이었다.

"내가 십자수를 잘 놓았거든요. 그걸 알고 외당숙이 하나만 해달라고 부탁을 해요. '김일성 장군 만세' 이런 내용이었어요. 근데 수사관들이 '통일혁명당 강원도위원회'라는 말을 십자수로 놓지 않았느냐고 물어요. 모르겠다고 하니까 저를 막 구타하고 동생을 고문하라고 시켜. 또 저보고 부산 다대포에 공작금 캐러 갔다 오라는 명령을 받았냐고 물어보는데 나는 공작금이 뭔지도 몰랐어요. 처음 들어보는 단어라서 '아닙니다' 그랬더니 또 고문을 해요. 안 되겠어서 '갔습니다' 그랬더니 그럼 뭘 타고 갔느냐는 거예요. 다대포가 어디 있는지 알아야 어떻게 가는지 대답을 하죠. 모른다고 하면 나를 고문해야 하는데 자꾸 내 가족을 고문해요. 옆방에서 그 비명소리가 다 들리니까 너무 힘들어요. 내가 뭐라고 말을 해줘야 가족들이 고문을 안 받고 무사할 수 있을까 그 생각만 했다니까요."

　　김순자는 4남 3녀 중 장녀로 태어났다. 당시는 영아사망률이 높아 출생신고를 미루던 시절이다. 그 역시 실제 생일과 호적상의 생일이 다르고, 태어난 해를 정확히 모른다. 살아난 것이 기적이라고 할 만큼 몸도 허약했다. 엄마가 먹는 게 없어 젖이 안 나오기도 했지만 젖이 고름이 들어서 도저히 먹을 수 없었다. 대신 할머니의 빈 젖을 물었다. 밀가루도 없고 보리쌀도 없고 쌀도 없고 곡기를 채울 거리가 아무것도 없었다. 이도 안 난 아기가 떡잎사귀나 도토리 찐 걸 날름 받아먹다가 변비에 걸리기도 했다. 집에 놀러왔던 외삼촌은 손가락 같은 아기를 보고는 고개를 흔들었다. 저 애는 내가 집에 도착하기 전에 죽을 거라고 말했을 정도다. 겨우 살아나 그야말로 초근목피로 연명하며 유년을 보냈다. 학교도 20리 길. 왕복 두 시간이 걸렸다. 그나마 일주일에 이삼일밖에 가지 못했다. 농가에서는 자식들이 걷기만 해도 농사일에 투입했으니 김순자는 소 먹이느라 못 가고, 동생 보느라 못 가고, 비가 오면 물 넘치고 눈 오면 길 막혀서 못 갔다. 돌다리를 건너다 신발이 떠내려가서 집에 돌아가고, 기성회비를 내지 못해 선생님에게 매 맞고 돈 가져오라며 집으로 쫓겨나기도 했다. 한국전쟁 전후 세대가 겪은 못 먹고 못 배운 가난에 대해 1948년생 전태일은 일기에 이렇게 기록했다.

아버지께서는 매일 폭음을 하시고, 방세를 못 준 어머니
께서는 안타까워하시고, 동생은 방학책 값, 밀린 기성회
비 때문에 학교에 안 가겠다고 아침마다 울면서 어머니
의 지친 마음을 괴롭힐 땐, 나는 하루가 또 돌아온다는
것이 무서웠다.°

"초등학교도 다니다 말았어요. 남동생은 남자니까 학교
를 다녔지만 난 여자니까 남동생 넷, 여동생 둘을 업어 키우고
부모님 농사일을 도왔죠. 그러다가 스물둘에 결혼했어요. 거름
자리 보고 시집을 보냈대요. 농사질 때 거름. 거름이 많으면 부
자라고 했거든요. 아버지 친구가 중매를 섰어요. 신랑이 특무대
군인으로 알아주니까 저를 동막으로 시집을 보냈는데. 아이고,
갔더니 시어머니가 계모라가지고 시집살이를 말도 못하게 했어
요. 아이고, 내가 13남매 장남한테 시집을 간 거야. 시어머니가
젊었어요. 내가 시집가서도 시어머니가 애 셋을 낳았다니까. 같
이 임신했죠. 그런데 신랑이 군대에서 와서는 저보고 애를 유산
시키래요. 시어머니가 임신했다고. 둘 다 임신하면 농사일 못한
다고 어떻게 키우냐고.

°   조영래, 《전태일 평전》, 돌베개, 1983, 67쪽.

거기가 시골인데 어떻게 유산을 해요. 일본 여자 산파가 있어. 그 여자가 약을 주는 걸 먹으면 된다는데 그 약을 아무리 받아먹어도 애가 안 떨어지는 거예요. 암만 먹어도 안 떨어지는데 어떻게 유산을 시키냐. 그 일본 여자가 와서 밑으로 쌩으로 꺼냈어요. 아이고 아이고, 죽는 줄 알았어요.

계모가 얼마나 시집살이가 심한지. 시누이 시동생 그 애를 다 업고 일하고 밥하고 도랑에서 빨래하고. 겨울에는 손이 다 터요. 시누이 시동생이 많으니까 밥을 몇 번을 뜨나 몰라. 그걸 다 업어 키웠어요. 그러고 사는데, 이놈의 신랑이 바람을 피우고 다니는 거야. 딴 여자를 또 얻어가지고 또 임신을 하고. 그 여자가 또 호적까지 해달라고 요구하네. 나를 파내고 지를 또 호적에 올려달라고 해서 한참을 시달렸어요. 남편이 뭐라고 날 꼬셨냐 하면, 내가 얼마나 어리석었냐 하면, 남편이 일단 찍어달래요. 그러면 3개월 후에 나를 다시 호적에 올려준대요. 그 말에 속아가지고 찍어줬어요. 그렇게 강제로 서럽게 이혼을 당했는데 조사관이 그러더라고요. 당과 수령을 위해서 세 자식을 두고 남편하고 이혼을 했다고."

김순자는 남영동 치안본부에서 기나긴 이틀을 보내고 일가족이 굴비 두름처럼 줄줄이 엮여 강원도경으로 이송됐다. 수사관들이 바짝 붙어서 옆 사람을 쳐다보지도 못하게 했다. 아버지는 괜찮으실까 궁금했지만 안색을 살필 수도 없었다. 춘

나도 인간, 지도 인간 동등하게 말해야 한다

천에서 또 두어 달 수사를 받았다. 거기서도 잔혹한 고문은 계속됐다.

"나를 잡아놓고 태어났을 때부터 다 조사를 하는 거예요. 내가 초가집 사진을 찍어다가 간첩에게 갖다 줬다고 하길래 그런 적 없다고 하니 '저년이 거짓말을 하니 패야겠다'고 해요. 너무 억울해서 더 이상 말을 안 하겠다며 버티기도 했어요. 근데 수사관이 자기 신발을 벗어 얼굴, 손등을 마구잡이로 때려요. 나중엔 하도 나오는 게 없으니까 수사관이 '막대기로 가슴과 구멍을 찌르겠다'고 협박하고. 나중엔 나에 대해 뭐 나올 거 없나 시댁에도 간 모양이야. 그랬더니 시댁에서 미경이 엄마가 김대중 지지하라 하더라, 그런 거지. 내가 이유를 말했어요. 할아버지 말씀이 '군법은 엄해서 민간인한테 군법을 쓰는 건 위험하다. 박정희는 군인이라 지지하면 안 되고 김대중을 지지해라' 그래서 내가 김대중 씨 지지했다고 하니까, '김대중 씨가 뭐야!' 이러면서 때리는 거예요. '씨' 자 붙였다고. '그래 그럼 뭐라고 불러요?' 하니깐, '대중이라고 해야지!'(웃음) 나 참. 그래서 또 때리니까 한 놈이 옆에서 딱 이러는 거예요. '대한민국에서 김대중이 좋아하는 사람이 한두 사람이야?' 그 말이 뭔 말인가 내가 생각해봤을 때 '김대중이 좋아하면 다 간첩이냐?' 이 소리인 것 같애. 딱하니까 보다 못해 그런 거 같아."

조총련이가 여자예요? 남자예요?

김순자는 보험설계사로 일했다. 얼결에 이혼을 당한 뒤 길에서 만난 시아버지가 쥐어주는 돈 5,000원을 갖고 서울로 떠났다. 배운 것 없고 가진 것 없이 몸뚱이 하나뿐인 상황에서 택할 수 있는 직업은 없었다. 남의 집 식모살이를 시작했다. 석 달을 일하고 월급 한 푼 못 받아도 따지지 못하고 속앓이만 하던 순진한 시절이다. 겨우 받은 월급을 들고 고향에 맡겨둔 아이들을 보러 뛰어갔다. 3남매 생각에 더 억척을 부리고 더 바지런을 떨었다. 서울과 삼척을 오가며 고향에서 나는 김과 미역을 서울에다 팔고 서울에서 화장품을 사서 다시 시골에다 팔았다. 보부상처럼 물건을 실어 날랐다. 그걸 본 동네 아주머니가 보험일을 한번 해보라고 권했다. 한 1~2년은 젖먹이 아들을 업고 다니며 '보험아줌마'로 살았다. 사람들은 남편이 뭘 하길래 애를 업고 일하냐고 물었는데 차마 이혼했다는 말은 하지 못하고 남편은 사우디아라비아로 일하러 갔다고 둘러댔다. 그러면 열심히 산다고, 생활력 강하다고 보험을 들어주기도 했다.

"실적이 좋았지. 한번은 보험공사에서 실적이 좋으니까 저를 찾아왔어요. 이것저것 묻는데 보험회사가 원래 고등학교 안 나오면 입사를 못하거든요. 저는 초등학교도 나오지 않았으니 조마조마했죠. 학력을 물어보길래 두 눈 딱 감고 말했어요. '초등학교 나왔습니다.' 그랬더니 왜 거짓말하냐고 해. 아, 그래

나도 인간, 지도 인간 동등하게 말해야 한다

서 속으로 내가 초등학교도 다니다 만 걸 아는구나, 들통 났구나 생각했는데, 그 사람이 대학교 중퇴면 중퇴지, 초등학교 나왔다고 거짓말하냐고 그래요.(웃음) 진짜라고 했더니 초등학교 나와서 어떻게 이렇게 잘하는지 말해보래.

원래 탄광에 다니는 사람, 운전하는 사람, 광부들은 위험한 일을 한다고 해서 고액보험을 들 수 없어요. 부인하고 나눠서 들라고 하죠. 근데 내 보험 가입자 중에서 광부가 죽은 게 아니라 그 부인이 애를 낳다 죽은 거야. 보험금을 많이 받았죠. 그거 보고 주변 사람들이 너도나도 들더라고요. 난 부자를 만날 수 없어서 고액보험은 못 들었어요. 고액보다 건수를 많이 하면 점수를 많이 주는데, 내가 보험을 나눠서 들게 했더니 건수가 늘었어. 머리를 썼죠. 전국에서 1등을 해서 보험왕이 됐어요."

김순자의 직업은 간첩 조작을 하는 데 좋은 빌미가 됐다. 간첩활동을 위해 전국을 자유롭게 다니는 보험설계사가 됐다는 것이다.

"내가 잡혀갔을 때 보험회사 다니면서 간첩활동을 했다고 신문에 그렇게 났어요. 내가 독방에 있는데 어떤 여자가 감옥에 들어와서 그러는 거야. 신문에 보니까 아줌마가 간첩활동을 제일 많이 했다더라. 아이고, 어이가 없더라고. 또 1등을 해서 일본으로 가게 됐다고 계약자들한테 다니면서 자랑했거든요. 다음달에 일본 간다고. 이게 또 까마귀 날아가자 배 떨어지는 격으로 하필이면 일본이야. 아, 이 여자가 간첩이라서 일본

간다고 그랬구나. 수사관들이 날 보고 물어봐요. 조총련 만나러 일본에 가느냐고. 그래서 조총련이 누구요? 남자요, 여자요? 나는 조총련이를 모르는 사람이라고 했어요. 지금 보니까 조총련이라는 단체가 있어. 그때는 조총련이 사람 이름인 줄 알았어요. 처음 들어보니까. 내가 어디 가서 조총련 소리를 들어봐요. 전부 처음 들어보는 말이야."

혁명공약을 외우네, 이것 봐라

1979년, 김순자 일가족이 잡혀간 그해 10월 26일 박정희는 죽음을 맞았다. 5·16쿠데타를 통해 정권을 잡은 박정희의 18년은 결국 총소리로 끝이 났다. 절대권력을 행사하던 독재정권은 자신의 존립 근거를 오직 반공에 두었다. "공산당을 때려잡자!" "신고가 애국이다!" 그 짧은 구호는 학교와 동네에서 요란하게 울려퍼졌다. 강원도 으슥한 숲길에는 "홀로 가는 저 사람 간첩인가 다시 보자" "간첩은 표시 없다. 너도 나도 살펴보자"고 쓰인 표지판이 세워져 있었다. 반공의 상징인 간첩의 실체는 두렵고 낯설고 모호한 이미지로 국민들에게 각인돼 있었다.

"초등학교 교과서에 이승복 얘기가 나와요. '나는 공산당이 싫어요.' 그랬다가 간첩이 이승복을 돌과 칼로 찢어 죽였다고 했어요. 말만 해도 찢어 죽이는데 그 간첩을 잡으려고 하면 내가 죽겠구나 생각했죠. 근데 간첩은 뭐지? 어떻게 생겼지? 빨갱이라고 하는 걸 보면 빨간 군복에 빨간 모자를 쓰나? 그런데 또 '간첩은 표시 없다. 너도 나도 살펴보자' 그래요. 표시가 없는데 살펴보면 뭐하냐고. 아이고 참 애매하기는. 표시가 없는 간첩을 어떻게 잡아요. 또 간첩의 특징이 마을 사람들한테 길을 물어보고, 담뱃값을 모르고, 새벽에 이슬을 맞고 온대. 그런 사람을 신고하라 그래. 나 초등학교 다닐 때 2학년 체육 시간에 모의간첩 잡으러 가자고 해서 학교 밖으로 나간 적이 있어요.

수사받는 도중에 간첩의 종류를 아는 대로 대라는데 내가 그랬죠. '간첩은 모의간첩 하나밖에 몰라요.' 그 사람들이 지하실이 떠나가게 하하하하 웃는 거야. 간첩 종류가 일곱 가지라고 오히려 나한테 가르쳐주는 거예요. 김일성 생가가 어디 있는데 어쩌고저쩌고. 그래서 내가 그랬지. 모르는 게 없는 지가 간첩이네!"

조사를 받던 중 김순자는 어떤 노래를 외웠다. 수사관들은 그 노래를 어떻게 외우냐고 물었다. 그가 대답했다. 내가 혁명공약도 외우는데 노래를 못 외우느냐고. 수사관들은 '혁명공약'이라는 말에 눈을 사납게 위로 치떴다.

"혁명공약? 이거 봐라? 이래요. 그 사람들은 혁명만 들어가면 이북인 줄 알아. 아이고, 혁명공약 누가 낸 거요? 박정희가 낸 거 아니오. 근데 왜 이거 봐라 해요? 내가 따졌죠. 한 수사관이 자기는 군대에서 몽둥이 세 개가 다 부러지도록 맞으면서도 못 외웠는데 이래요. 혁명공약 다 외워보래요. 박정희가 5·16 혁명공약이랑 또 하나는 국민교육헌장을 만들었죠. 우리는 역사적 사명을 띠고 이 땅에 태어났다. 태어날 때 역사적 사명을 띠고 태어나는지 어떻게 태어나는지 알고 태어났어요? 태어날 때 뭐 그냥 태어났으니까 태어난 거지. 뭔 사명을 띠고 태어나.(웃음) 그리고 혁명공약은……"

김순자는 혁명공약을 1번에서 6번까지 막힘없이 읊었다.

"일! 반공을 국시의 제일의로 삼고 지금까지 형식적이고 구호에만 그친 반공 태세를 재정비 강화한다. 이! 유엔헌장을 준수하고 국제협약을 충실히 이행할 것이며 미국을 위시한 자유우방과의 유대를 더욱 공고히 한다. 삼! 이 나라 사회의 모든 부패와 구악을 일소하고 퇴폐한 국민도의와 민족정기를 바로잡기 위해 청신한 기풍을 진작시킨다. 사! 절망과 기아선상에서 허덕이는 민생고를 시급히 해결하고 국가 자주경제 발전에 총력을 집중한다. 오! 민족적 숙원인 국토통일을 위하여 공산주의와 대결할 수 있는 실력배양에 전력을 집중한다.

다음 육은 우리 민간이 외우는 게 아니에요. 군인들만 외우는 거야. 육! 이와 같은 우리의 과업이 성취되면 참신하고도 양심적인 정치인들에게 언제든지 정권을 이양하고 우리들은 본

나도 인간, 지도 인간 동등하게 말해야 한다

연의 임무에 복귀할 준비를 갖춘다. 여기까지예요. 근데 양심적인 정치인들에게? 참신하고 양심적인 정치인은 하나도 없어. 그러니까 이런 구호를 다 내세워놓은 게 아닌가 하는 생각이 들어요. 참신하고 양심적인 정치인이 우리한테 있어요? 한 명도 없다고 나는 봐요."

엄마는 왜 이렇게 안 오나

> 타박타박 타박네야 너 어드메 울고 가니
> 우리 엄마 무덤가에 젖 먹으러 찾아간다.
>
> — 함경도 민요 〈타박네야〉

김순자가 자신이 근무하는 영등포 사무소에서 잡혀갔을 때 큰딸은 열 살, 둘째딸은 일곱 살, 아들이 네 살이었다. 아이들은 속수무책 남겨졌다. 엄마는 물론 외할아버지, 외할머니, 삼촌, 고모 등 외가 쪽 친척은 모조리 끌려갔다. 친가 쪽을 이집 저집 오갔으나 환영받지 못했다. 찢어지게 가난한 형편에 식구(食口), 밥 먹는 입이 느는 게 제아무리 핏줄이라도 반가울 수 없는 상황이었다. 엄마가 간첩 혐의로 고초를 겪고 있을 때 아이들은 천덕꾸러기처럼 이리저리 떠돌며 '여간첩의 아이들'로 설움을 당했다.

"큰딸이 초등학교 3학년인데 학교 선생님들이 모여가지고 '그 여자 간첩 딸이 우리 학교에 하나 있다는데' 그랬대. 애가 갠 줄은 모르고 말한 거예요. 그 소리를 들으니까 그 어린 것이 얼마나 충격이겠어요. 기가 막히지. 동네에 어떤 놈이 '야! 너 엄마 간첩이지!' 놀리고. 작은엄마가 큰딸한테 그러더래요. '야야 미경아. 나 같으면 죽지 안 산다.' 애가 얼마나 불쌍하게 살면 그랬겠어요. 동생 둘 데리고. 너무 처량하고 처참하니까 그런 말을 했겠지 죽으라고 그런 말을 했겠냐마는요. 그 어린 것이, 그러니까 어린 마음에 나는 죽어야 되는 게 맞는가 생각을 하고 약국에 쥐약을 사러 갔는데 약사 아저씨가 쳐다보고 쥐약을 안 주더래요. 그래가 못 죽었대요. 그 얘기를 안 하고 있다가 대학교 가서 그 얘길 하더라고요.

아이고, 말도 못해요. 큰딸은 학교에 가야 되는데 차비도 없고, 여자니까 생리가 있잖아요. 생리대를 사야 되는데 돈이 어딨어. 책가방을 메고 가다가 생리는 나오고 해서 어떤 부잣집을 갔대요. 내가 이 집을 청소해드릴 테니 나한테 돈을 좀 달라고, 돈을 좀 주시오 이랬대. 책가방을 내다 놓고 그 집 청소를 다 해주고 돈을 받아서 생리대를 샀었대요."

이 사회의 배제된 사람들 중에서도 약자인 극빈층 청소녀의 끝나지 않는 생리대 비극. 큰딸이 저 홀로 겪었던 성장의 수난사를 나중에야 전해 듣고 김순자는 눈물을 하염없이 쏟아냈다. 둘째딸은 아직 엄마 품이 필요한 나이였으니 애처로움이

나도 인간, 지도 인간 동등하게 말해야 한다

각별하다.

"아직 초등학교도 안 들어갔으니까 뭘 알겠어. 엄마가 왜 이렇게 안 오나, 안 오나 하다가 어느 날 길가에 미친 여자가 머리를 이렇게 풀어가지고 이래가 앉아 있으니까 엄만가 하고 막 쫓아갔대요. 엄마가 왜 안 오나 했겠지.

한 가족에 아버지만 넘어뜨려놔도 가둬도 그 가족이 무너져요. 하물며 여든세 살 할아버지, 백일도 안 된 손자, 중1 다니는 막둥이 아들 남겨두고 온 식구를 다 잡아갔으니, 집안에 몇 가정을 다 잡아 넣었으니 그 가정의 아이들이 어떻게 자랐겠어요."

5년 만의 출소, 맨몸으로 세상에 내던져지다

복역 기간 5년. 1985년 김순자는 석방됐다. 그러나 무기징역, 징역 10년, 징역 7년을 각각 선고받고 아직도 갇혀 있는 동생들을 생각하니 발걸음이 떨어지지 않았다. 김순자 아버지 김상회는 서대문형무소에서 사형 집행을 당했다. 아버지의 임종 소식을 김순자는 감옥에서 들었다. 면회 오는 사람 하나 없는 감옥생활. 출소 이후라고 크게 달라질 건 없었다. 보험회사를 다니며 억척스레 모아놓은 돈으로 산 집은 경매에 넘어갔다. 무일푼 신세, 당장 아이들 보러 고향 갈 차비조차 없었다. 이동

©윤유성

나도 인간, 지도 인간 동등하게 말해야 한다

의 자유가 없긴 마찬가지였다. 그의 나이 서른여덟, 다시 맨몸으로 세상에 던져졌다.

"차비가 없어가지고 여동생이 돈 10만 원 해준 걸로 애들 보러 시댁에 갔지요. 누가 반겨주겠어요. 동서도 시동생도 먼 산만 바라보고 있고. 아무도 아는 척을 안 하더라고. 친정이 어디 있나요, 다 잡혀가고 아무도 없지. 보험회사를 다시 들어가려니까 신원조회에 걸려서 안 돼. 뭐 돈이 있어 장사를 하겠어요. YWCA 파출부, 간병인, 애기 보는 일, 지원해서 교육받고 외우고 해서 시험에 전부 합격했는데 출근을 앞두고 신원조회에 걸리는 거예요.

할 수 없이 아는 사람 소개로 남의 집 일을 시작했지. 근데 거기까지 형사가 나 몰래 왔다 간 거야. 어느 날은 외출했다가 왔더니 '아줌마가 간첩이야?' 주인 할아버지가 그래. 뭔 소리냐, 그랬더니 나 없을 때 형사가 와서 내가 간첩이라고 알려주면서 자기네 왔다 갔다는 말 하지 말라고 그랬대. 근데 주인 할아버지가 보니까 내가 간첩도 아니고 우스운 거야. 근데 삼척에도 또 찾아왔네. 내가 서울의 형사한테 얘기했거든요. 아이들 때문에 삼척으로 가니까 삼척에다가는 말하지 마세요. 내가 연락을 해서 다 해드린다고 했는데도 참 내. 감옥살이보다 형사들이 쫓아다니는 게 더 힘들어."

김순자는 남의집살이부터 여관 청소 등 닥치는 대로 일했다. 손발이 동상에 걸려서 피고름을 짜냈다. 일이 고되고 잠을 못 이겨 빗자루를 안고 쓰러져 잠들어버린 적도 있다. 일터에서 집으로 오가며 빈병이 보이면 그것을 주워다 팔아서 한 푼두 푼 보탰다. 애들 셋 데리고 먹고살려고 우울할 틈도 없이 정신없이 뛰어다녔지만, 잠시 틈만 생기면 문득문득 울음이 올라왔다. 자다가도 벌떡 일어나서 울었다. 동생에게 면회 가는 길, 고속버스 차창으로 설움이 번졌다. 5년 좀 넘게 사는 것도 어려웠는데 무기징역이라는 기한도 없는 감옥살이를 하는 동생을 생각하면 눈물이 쉴 새 없이 솟구쳤다. 어느 날은 딸네서 일하다가 한바탕 통곡을 했다. 다음날 엘리베이터에서 윗집 사람을 만났는데 '어디선가 우는 소리가 크게 나더라'고 했다.

"내가 울었다고 창피해서 말하지 못했지. 나를 다 간첩으로 쳐다보는 것 같고 갑자기 통곡을 하고 싶어서 통곡을 했지요."

민가협 활동으로 세상에 눈을 뜨다

"대전교도소에서 무기징역 사는 남동생한테 면회를 갔더니 우리 가족들이 너무 모르니까 민가협을 찾아가서 어려운 이야기를 하라 그래요. 어떻게 수소문해서 찾아갔지. 다 말했어요. 감옥에 있는 가족들, 동생들, 내가 당한 일들 억울한 걸 말할 곳이 없잖아요. 친척도 안 들어주고 형제도 자식도 안 들어

나도 인간, 지도 인간 동등하게 말해야 한다

주고 아무도 내 말에 귀 기울일 사람도 없고 말할 수도 없어요. 이 말을 어디 가서 하겠어요. 물어볼 곳이 없어. 고모가 아는 변호사한테 물어봤대요. 변호사가 하는 말이 '아주머니요, 내가 변호사니까 나한테 이런 말 하지 누구한테 그런 말 하겠어요' 말을 할 수 있다는 게 너무 좋은 거예요. 말을 하니 들어주는 사람도 있고 그걸로 책을 쓰려는 사람도 있고 우리를 이렇게 이해하는 사람도 있다. 암울하게만 살았는데 힘이 나더라고요."

1985년 12월에 생긴 민가협은 1974년 전국민주청년학생총연맹(민청학련) 사건을 계기로 만들어진 '구속자가족협의회'를 모태로 민주화를 요구하다 구속된 수많은 학생·노동자의 가족들이 모인 단체다. 인권 이슈를 사회적으로 공론화하기 위해 1993년 9월부터 매주 목요일 '양심수 석방과 국가보안법 철폐를 위한 목요집회'를 시작했다. 김순자는 늘 그 자리에 참여했다.

"감옥에서 나와 먹고살기 바쁜데 목요일 집회에 꼭 나갔지. 민가협 수련회 갈 때 외손녀 백일 안 된 애를 업고 갔어요. 애가 우는 소리 안 해서 민가협 엄마들이 애가 온 줄 몰랐대요. 애를 맡겨놓은 딸은 엄마가 이런 거 하는 게 싫지. 사위도 최루탄 가스 맞고 될 수 있음 안 갔으면 좋겠다 하고. 그래서 내가 그럴라면 나한테 애 맡기지 말라고 했더니 안 맡길 수 없잖아요. 나도 봐줘야 하고 그걸 업고 집회를 다녔어요. 민가협 하면서 세상에 눈을 떴죠. 민가협 가기 전만 해도 나는 간첩이 아니다, 억울하다고만 생각했는데 민가협 다니면서 세상을 보고 듣게 되었죠. 또 나는 중학교가 먼전지 고등학교가 먼저 다니는 덴지 대학교가 뭔지도 몰랐는데 집회 다니면서 대학교란 대학교는 안 가본 데가 없으니까.

한번은 보안관찰 때문에 밤 11시 넘어 전화가 왔어요. 형사가 저보고 낼 서울대학교 데모하는 데 가지 말래요. 나를 가라고 알려주는 거지.(웃음) 전혀 몰랐는데 그 전화가 와서 갔죠. 아이고 그날 최루탄을 위에서 비행기가 뿌리고 난리도 아니었어요. 서울대는 내 집처럼 다니고, 세상을 보는 게 너무너무 넓어져버린 거야. 옛날에 살던 시골에 가면 개울가의 바위가 얼마나 큰지 너무 커서 거기서 놀고 그랬어요. 아주 큰 바위로 봤는데 지금 가보면 바위가 작아 보이잖아요. 바위가 줄어들었냐. 밭도 엄청 컸는데 지금은 놀이터만 해. 그것들이 줄어들었냐, 그게 아니지. 시야가 넓어져서 그게 작게 보이는 거래요. 강원도 산골짜기 김순자가 서울에 와서 활보하고 다녀."

세상을 학교로, 민가협에서 만난 사람들을 스승으로 삼으며 김순자는 하나씩 몸으로 부딪쳐 배워갔다. 자신이 경험한 일들을 끊임없이 말하고 따지고 호소하며 자기 생각을 만들어갔다.

"억울한데 지식이 부족하니까. 아버지 사촌동생이 아버지 집에 와 있었고 나도 친정에 갔다가 만나본 관계로 감옥에 갔지만, 다른 건 알 길이 없어요. 조사관의 말이 맞는지, 외당숙의 말이 맞는지 답답하고. '때려잡자 김일성' 하는데, 뭐하는 김일성이기에 때려잡자는 거냐, 김일성이를 아무나 만나보냐고요. 외당숙은 남과 북으로 부모형제가 헤어진 게 미국이 방해해서 그렇다, 혁명을 위해서 목숨을 걸고 왔다고 하는데 그게 뭔 말인지. 또 외당숙은 나 혼자 친정 갔을 때 봤지 가족이 다 같이 한자리에서 만나본 적이 없어요. 아버지 어머니는 북에서 내려온 그 사람한테 밥을 해준 게 죄다, 해서 붙잡혀 갔는데, 아니 자기 형제를 밥 안 해주면 그게 죄지, 패륜이죠."

뒤늦게 알아버린 꿈

김순자는 민가협에서 인권변호사를 만났다. 검찰청에 가서 수사기록을 떼어 오라고 해서 갔더니 시효가 지난 일이라고 떼어주지 않았다. 그는 담당자에게 물었다. "역사도 시효가 있나요?"

인권변호사에게 도움을 요청하려고 해도 당최 구할 수 있는 자료가 없었다. 이러지도 저러지도 못하고 속만 끓이던 중 2005년 진실화해를 위한 과거사정리위원회(진실화해위원회)가 만들어진 사실을 민가협을 통해 알았다.

"진실화해위원회에서 재심하자고 큰동생하고 상의했지. 동생은 아직도 많은 사람들이 못하는데 우리가 빨리 서두를 일이 아니라면서 말해요. '누님 또 한 번 상처받지 말고 계세요. 천천히 해요.' 난 밑져야 본전이지. 이제 다시 감옥 갈 일은 없을 텐데 뭐. 그리고 너무 화가 나는 거예요. 또 한 번 상처받는 게 중요한 게 아니라 억울한 거 밝혀야 하는데 누굴 만나야 억울함을 밝히냐고요. 감정이 폭발하더라고."

결국 김순자는 아무하고도 상의하지 않고 혼자 가서 진실규명을 청구했다.

"억울함을 풀어야죠. 사람 사는 세상에 억울함이 이대로 가면, 우리 산 사람들이 돌아가신 분에게 엄청난 죄를 범하는 거 같아요. 아버지가 다 지고 가셨잖아요. 진실을 따라 사건을 조사해서 처벌하는 게 아니고 사건이 이미 짜여져서 몇 명까지 죽여라 지시가 내려온대요. 수사관들이 누구를 죽여야 할까 고민을 한대요. 간첩의 올가미를 씌워야 하는 거죠. 조사받을 때 '어차피 아버지는 가시니까, 아버지한테 씌워라' 그러대요. 근데 아버지가 하지 않은 일을 뭐를 씌워요. 내가 차라리 지고 가고 싶지. 그것도 모르고 '나를 죽여주시오, 가족들을 다 내보내주세요' 수사관한테 그랬더니, 죄는 그럴 수 없고 법은 그럴 수 없대요. 아이고, 죄는 뭐고 법이 뭔데? 내가 대신 죽겠다는 거 검사한테 가서 말하라면서 아주 코웃음 치더라고."

더 이상 잃을 게 없다는 것이 그에겐 크나큰 용기가 되었다. 결국 2006년 진실화해위원회에 신청을 했다가 2007년 각하 결정이 내려졌고 2009년 7월 재신청을 했지만 또다시 각하되었 다. 그러나 포기하지 않고 진실화해위원회 조사보고서를 들고 재심을 신청하여 결국 5년 만에 무죄판결을 받았다.

출감 후 30년. 지금 김순자의 몸에는 날개가 달렸다. 손 주들을 돌보기 위해 지하철 연결통로를 날듯이 뛴다. 아침에는 아들집에 애 보러 가야 하니까 늦지 않으려고 뛰고, 저녁에는 딸집에 애 보러 가야 하니까 뛴다. 학교 갔다 오는 손녀 끼니를 봐주고 숙제를 챙긴다. 또 새벽에는 아들집으로 뛴다.

"늦을까봐 마음이 급해서. 내가 뛰면 다 뛰는 거야. 뛰어 지하를."

유죄가 무죄로 밝혀지는 사이 엄마 손길을 애타게 기다 리던 자식들은 가정을 꾸려 엄마가 됐다. 모든 것이 제자리를 찾은 듯한 지금이지만, 그는 결코 행복하다고 말하지 않는다.

"아들 손자도 봐주고 산에도 다니고 하면서 즐겁게 살아 요. 그런데 다 같이 행복할 때 행복한 거예요. 다니다보면 아픈 사람들이 너무 많아서 그 아픔이 내 아픔인 거 같고. 길을 다니 다보면 어려운 사람들이 눈에 많이 띄어요. 돈이라도 얼마 줄 라 하면 안 받는 사람도 있고. 노인네들도 불쌍하고. 점심이라 도 사 먹으라고 만 원짜리 한 장 주고 와요. 나한테는 잘 보이 는 거 같아. 돈 많은 사람은 눈에 띄지를 않는데. 나는 보여. 이제는 잘산다 잘산다 하는데 우리는 그림의 떡이죠. 언제 배고픈 적 없었냐고요. 우리 클 때 그렇게 가난했어도 그때도 잘 먹고 잘사는 사람은 잘살았대요.

나는 맨날 맨날 배고픈 적밖에 없었어요. 세상에 뛰어나와보니까 오히려 살길을 찾을 수 있어요. 나 클 때는 문밖 나가면 죽는 줄 알고, 아버지도 안 내보내줬어요. 그때 공장이라도 보냈으면 내가 공장에 나와서 돈 벌어서 아버지 어머니 살게 해줬을 거 같은 생각이 들어요. 왜 그 많은 세월을 스무 살, 서른 살 시집살이 살면서 시골 골짜기에서 세월을 보내고 나무나 해 나르고 소나 먹이고 살았던가. 나와서 돈 벌어보니 돈도 벌어지고 살아지는데.

간첩사건으로 잡혀갔을 때 내가 서른둘인데 내 얘기 다 들으려면 32년 걸려요, 그랬다니까. 조사관들이 그래요. 내 인생살이 얘기 듣느라 혼이 빠졌대요. 이혼당하고 시아버지가 길에서 만나서 준 돈 5,000원 들고 맨손으로 나와서 이때까지 뇌종양 수술하고 애들을 하도 많이 업어서 허리 디스크가 걸려서 협착증 수술도 하고. 고생도 고생도 말도 못해요."

고생을 견딘 원동력 같은 건 없다면서 그는 잠시 숨을 고르고 말한다.

"살아 있으니 산 거예요."

"나한테 꿈이 있었던 거 같애. 아버지 어머니가 시골에서 배운 거 없이 나무 지게만 지고 농사일도 제대로 못하셔서 우리를 배고프게 했고, 그럴 때도 어린 마음에 생각해봤는데 가족을 뛰쳐나가서 뭔가 해보고 싶은 꿈. 아까도 말했지만 문밖에 나가면 죽는 줄 알고, 딸이니까. 나가면 안 되고 곱게 키워서 시집보내는 걸 제일로 알았는데, 그게 잘된 거 아니고 잘 안 된 거야. 공부를 많이 배우고 싶었던 꿈. 학교를 가고 싶었는데 처지가 너무 안 되고 너무 가난하고 나도 몰랐으니까. 내가 그렇게 바본 줄 알았겠어요. 세상물정 모르고 경험도 없고 아는 것도 없고 그래서 무참히 당한 거예요. 할 말이라도 하고 당하면 억울하기도 덜 억울하죠.

나도 지도 동등한 인간이니까, 동등하게 말을 해야죠. 잡아가는 사람이 죄인이야. 경찰한테 당신들의 죄는 왜 모르냐, 당당해야 돼요. 만일에 억울하게 잡혀가면 말해야 해요. 왜 나는 못했냐면 모르니까 못했죠. 이런 세상이 있는 걸 모르고 살았어요. 민가협에서 목요집회 하면 '저 빨갱이들!' 이러면서 욕하고 지나가는 사람이 있어요. 그런 말 들으면 화가 나지만 나도 예전엔 모르니까 그랬으니 그 사람들을 이해할 수 있죠."

다른 세상으로 건너간 김순자는 그곳에서 자신이 흘렸던 눈물을 본다.

"예전엔 우리 사건을 생각하고 맨날 눈물이 나서 울었는데 세월호를 생각하니 너무너무 불쌍하고. 울고 싶으면 세월호만 생각하면 눈물 나. 애들이 얼마나 불쌍해. 나는 정말, 차가 가다가 확 넘어진 것도 아니고 그 큰 배가 물에 가라앉으려면 시간이 얼마나 오래 걸리는데 그 애들을 안 구하냐고. 그 어린 애들이 얼마나 아우성을 쳤겠어요. 진상을 밝혀달라는데 왜 안 밝히는 거예요. 왜 말 못하는데? 떳떳하지 못하니까 그런 거예요. 영화 〈귀향〉도 봤지만 서러워. 힘없는 사람들의 억울함, 잔인함이 서럽죠. 짐승도 저렇게는 안 한다. 깨끗하게 잡아먹지. 저러고도 저렇게 당당하게 큰소리치고 뻔뻔하구나. 아직도 그 세상이에요. 우리나라가 해방이 됐나요. 겉으로 보이게 생체 실험은 안 하지만 여전히 힘에 눌려 살고 있어요. 힘없는 약자들은 말없이 죽어가고 있어요. 세월호, 위안부, 간첩사건…… 다 아픈 거예요. 방법이 달랐을 뿐이지.

늙는다는 게 안타깝고. 젊었을 때 알았어야 뛰어다니는데 이제 늙어서 몸도 안 따라줘요. 삶이 뭘 위해서 중요한가 그걸 알아야 하는 거 같아요. 내가 해야 할 일이 있을 때 살아야 하는 건데, 지금은 할 일이 너무 많아요."

1979. 6. 21. 서울시 영등포구 대한교육보험 사무실에서 검거, 삼척경찰서로 연행, 8. 9.까지 감금 조사

12. 20. 춘천지방법원에서 징역 7년 선고
1980.　5. 1. 서울고등법원에서 징역 5년으로 감형
9. 9. 대법원에서 5년형 확정
1985.　출소
2010.　11. 9. 서울고등법원 재심 신청
2012.　10. 25. 담당 수사관 증인 소환
2013.　4. 25. 무죄 선고
5. 22. 검사 대법원 상고
11. 14. 대법원 무죄 확정

삼척 고정간첩단 사건 관계도

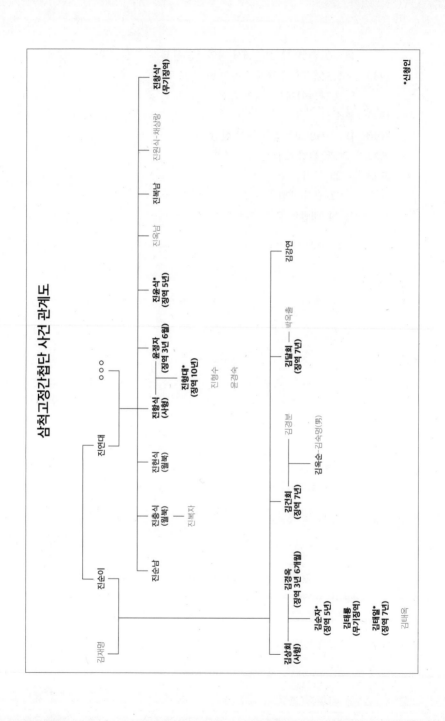

진순이

김재명

진순남

진충식
(월북)
　진복자

진현식
(월북)

진형식
(사형)
　진형대*
(징역 10년)
　　진형수
　　윤경숙

○ ○ ○

진연대

윤정자
(징역 3년 6월)

진윤식*
(징역 5년)

진옥남

진복남

진원식-채성란

진창식*
(무기징역)

김경옥
(징역 3년 6개월)

김상회
(사형)
　김순자*
(징역 5년)
　김태룡
(무기징역)
　김태일*
(징역 7년)
　　김태림

김건희
(징역 7년)
　김경분
　김옥순-김숙명(男)

김달희
(징역 7년)
　박옥출
　김강연

*신청인

동물 살리는 의사에서
사람 살리는 의사로

'광주교도소 슈바이처'

이 성 희

절망으로 가득하고
이룬 것 없는
내리막에서
새로운 깨달음이 온다.
그것은 절망의
역전.

- 윌리엄 칼로스 윌리엄스 시 〈내리막〉 중

©윤유성

이성희는 1926년생이다. 꽉 찬 90년 세월, 세상은 속절없이 변했다. 그가 태어난 곳은 솜니. 널따란 만경-김제평야 지역의 구릉 뒤에 가려 속으로 들어간 것처럼 보이는 마을이라는 뜻이다. 일제강점기 때 솜니는 이리(裡里)가 됐고 지금은 익산에 속해 있다. 그가 나고 자라는 동안 한반도는 하나의 조국이었는데 20대에 삼팔선이 그어졌다. 그가 삼수 끝에 들어간 당대 최고의 명문, 식민 치하의 유일한 관립 농림학교인 이리농림학교도 역사 속으로 사라졌다. 수의사 번호 417번 이성희는 해방 전 마지막 수의사다. 이후 동경대에서 박사학위를 받고 전북대 수의학과 교수와 교무처장을 맡는 등 출세 가도를 달렸다. 생의 행복이 정점에 이른 그때 이성희는 '울릉도 간첩단 사건'에 연루돼 수감복을 입는다. 어린 시절 대문안집 떼보, 까시락쟁이로 불린 자기밖에 모르던 철부지 도련님은 "남을 위해 살아본 적 없는" 지난 삶을 반성하고 감옥에 있는 힘없고 병든 이들을 위해 두 팔 걷어붙인다. 동물 살리는 의사에서 사람 살리는 의사로, "생명을 살리는 건 똑같다"는 신념을 실천해 '광주교도소 슈바이처'로 존경받았다. 그렇게 17년. 끝나지 않을 것 같은 형기를 마쳤다. 그러나 세상은 그를 전직 교수가 아닌 늙은 간첩으로 대했다. 동경대 박사학위도 그 빛을 잃었다. 일자리를 구하지 못해 강원도 인제까지 흘러가 도계 공장에서 닭을 관리하고 전깃불을 아껴가며 낮고 가난하고 쓸쓸한 노년을 보냈다. 간첩이라는 누명을 벗고 무죄판결이 내려진 지금, 그는 살면서 쌓은 죄업을 씻어내고 있다. 전북대 교수 시절 가르친 제자를 찾아가 40년 전 마음에 걸리는 일을 사과했고, 영 마음에 걸리는 자식에게 집도 마련해주었다. 이제는 두 다리 뻗고 잠든다. 조리 있고 명쾌한 말솜씨, 당장에 하얀 가운을 걸쳐도 맵시가 날 듯 굽은 관절 하나 없는 체형은 이성희가 걸어온 생명 살림의 외길, 올곧고 견실한 일생의 증거다.

감옥에 있는 17년 동안 사과해야 할 사람을 잊지 않다

"내가 가르친 학생들이 600명 정도 되는데 내가 잘못한 것이 무엇일까. (감옥에) 들어가자마자 그런 생각이 나더라니까. 두 가지 잘못이 있어. 절대로 마음에 남아. 나가면 꼭 그 사람을 만나서 사과해야겠다 결심했지. 하나는 내가 교무처장 할 때야. 시험이 다 끝나고 성적표를 교무과에 냈는데 학생 셋이 날 찾아왔어. 한 학생이 점수를 올려도라고. 내가 C학점을 줬대. A학점이나 B학점이 돼야 무슨 상을 탄대. 그래서 점수를 올려도라는 건데, 이미 점수를 다 냈는데 어떻게 올려줘. 교무처장 입장에서 못허지. 근데 그 학생이 영 후퇴를 안 해. 막 사정을 하는 거야. 절실히, 아 그렇게 부탁을 해. 그래서 좋다. 그러면 시험을 치른다. 대신 시험을 잘 치르면 점수를 올려주고 시험 못 치르면 점수를 깎아버릴란다, 그랬어. 좋냐? 그러니까 좋대. 내가 꾀를 낸 거지. 문제를 어렵게 냈어요. 손도 못 대게 어렵게 냈어. 학생이 궁리를 하더니 선생님 포기할랍니다 하고 가버렸어. 그 학생이 내가 이름을 외울 정도로 좋아하는 학생은 아니거든. 그런데 징역 살면서 내가 그 이름을 기억을 했어. 이봉희. 내가 잡혀간 후에 이봉희가 날 얼마나 원망했을까. 자기한테 그렇게 혹독했으니까 징역 갔지 그럴 것이다 생각을 하게 되더라니까. 17년간 이봉희라는 이름을 잊어버리지 않았어요. 나가면 꼭 만나서 그때 일을 사과해야겠다고 생각했어.

동물 살리는 의사에서 사람 살리는 의사로 '광주교도소 슈바이처'

그런데 나와서 며칠 안 됐는디 이봉희가 우리 아파트로 찾아왔어. 얼마나 고맙던지. 나를 원망할 거라고 생각했는데 잊지 않고 찾아온 거야. 이 친구가 동물약품 취급하는 회사 다니는데 자기 사장한테 내 처지를 얘기했겠지. 나를 불러서 회식도 같이하고, 사장이 마땅히 날 도와줄 방법이 없으니까 나한테 일본 잡지를 번역해도라고 줘요. 내가 번역해주면 돈을 30~40만 원 줬어. 도움을 받았어. 지금도 이봉희가 전주에서 나한테 사흘 걸러 전화해. 그리고 십수 년을 스승의 날에 10만 원씩 꼭 보내와. 그 사람도 일흔 살이 넘었어.

또 한 사람 사연. 내가 무신론자야. 우리 엄마는 불교를 믿었는데 쌀 수십 가마를 수확하면 절로 상납을 해. 그걸 보고 종교가 싫었어. 교무처장 할 때 내가 무슨 정보를 입수했냐면 한 여학생 언니가 전주에서 교회를 갖고 있고 선교 사업을 한대. 남학생 서너 명을 데리고 언니 교회를 다닌다는 소문이 들려. 그 여학생보고 내가 그랬어. '예수가 있는 것도 아닌데 남자애들 꼬셔서 교회를 다니냐.' 예수 비하 발언을 했지. 여학생이 고개를 숙이고 남학생은 하하하 웃고. 그 여학생 이름이 이병애야. 지금 같으면 그런 말 하면 큰일 나지. 그 여학생한테 참 미안해. 얼마나 나를 미워했을 거여. 그땐 세상이 다 내 천지 같았어. 대우를 받았어. 전라북도를 책임질 사람으로 신문에도 나고. 문교부 사람이 나한테 차기 총장을 해달라고 했으니까.

그런데 감옥에서 17년 살고 나오니까 꼭 사과할 사람이

라고 뇌리에 박힌 거야. 생각만 했지 사는 게 어려워서 만나지
는 못했어. 그러다가 이제 내가 직장도 안 나가니까 찾아봐야겠
다 했는데 이봉희가 이병애를 찾아냈어. 이병애 육촌오빠가 수
의과 졸업생이라서 명부에 전화번호가 나왔어. 연락처 알고 바
로 전화했지. 꼭 만나고 싶었다. 고해성사를 하겠다고 집이 어
디냐니까 서울 보라매공원 근처래. 신대방역 2번 출구에서 봤
어. 이삼일 전에 만났어. 자긴 까맣게 잊었다고 말하더라고. 왜
선생님이 40년 전에 헤어진 자기를 만나고 싶어할까 참 궁금해
서 나왔대. 그래서 그 일 때문이라고 하니까 기억을 못해. 이병
애가 예순여덟이야.

　　난 이제 할 일 다 했어. 둘째아들 집 사주는 거 소원이라
고 항상 말했거든. 그놈 집 못 사주면 눈 못 감겠다고. 근데 이
번에 사줬어. 이병애한테 사과도 했고, 이제 눈 감아도 돼요."

소문난 떼보, 까시락쟁이, 그 고집불통의 힘

　　이성희는 200년 된 대문안집에서 태어났다. 옛날에는 벼
슬을 해야 대문을 지을 수 있었다. 14대 조상이 연산군 때 재사
당이라는 호와 도승지를 받았다. 도승지는 지금의 대통령 비서
실장. 9대 조상은 이회영, 이시영 독립운동가 형제다. 조상들이
돈 없이 벼슬을 해 큰 기와집은 못 짓고 촌에서 갈대밭을 개간

해 자리를 잡았다. 근방이 전부 이씨 논이고 머슴이 10명쯤 있었다. 동네에서 제일 큰 집에 살다보니 걸인들이 매일매일 왔다. 그러면 어머니는 그냥 밥을 주는 법이 없고 꼭 밥상을 챙겨다가 주었다. 동네에서 덕인이라고 소문이 났다. 어릴 때 그 모습을 보고 컸다. 아버지는 촌에 보통학교도 없던 시절에 중학교를 다녔다. 군산농업학교 3회 졸업생으로 군청에 다니다가 큰 농장에서 일했다. 덕분에 9남매는 부족함 없이 컸다.

"대문에서 안집까지 거리가 상당히 있어요. 내가 떼가 나오면 거기를 굴러. 막 굴러. 저까지 가. 그럼 머슴이 들어다가 이제 데려다 놓으면 다시 그 자리에 누워서 또 굴러. 내가 중학교 들어갈 때까지는 집에서 그렇게 못되게 굴었어."

소문난 떼보, 까시락쟁이는 그 고집불통의 힘으로 원하는 중학교에 입학했다. 일본 정부에서 1922년 5월에 곡창지대 호남에 세운 이리농림학교를 삼수 끝에 들어갔다. 정원이 50명으로 조선인 25명, 일본인을 25명씩 뽑았는데 다른 선택지가 많았던 일본인에 비해 조선인은 사정이 달랐다. 식민지 치하의 유일한 관립인 이리농림학교로 전국에서 우수한 인재가 모여들었다.

"우리 조선 사람이 봐서는 이리농림학교가 최고로 좋지. 거기 나오면 딴 학교 나온 것보다 월급이 5원 높아. 보통이 20원이면 농림학교 졸업하면 25원. 조선인 경쟁률이 10대 1이야. 우리 매부가 이리농림학교를 졸업했거든. 그때 이리농림학교만 국방색 모자를 쓰고, 국방생 양복을 입고 가방도 국방색이고 구두도 국방색이야. 딴 학교는 꺼멍 신인디 거기는 노랑 신. 그걸 보고 좋은 학교를 가고 싶다는 생각이 들었어. 내가 열네 살 때 이리농림학교 시험을 봤어. 당연히 떨어졌지. 두 번째도 떨어지고 세 번째는 이제 합격이 됐어. 그때는 이리농림학교 들어갔다 하면 동네에서 잔치를 했어. 조선 사람이 들어가기는 참 어려운 학교여. 서울대학교가 문제가 아니여. 아버지가 여유가 있으니까 내 교복을 양복점에서 별도로 해줬어. 그러고 신도 돼지가 죽이 아니고 소가죽으로 해주고. 다들 푸대자루 같은 거 입는데 모직으로 만든 교복 빼입고 있으니 내가 얼마나 미워. 그렇게 유명해져서 끄떡하면 날 두드려 패. 교련이 전국에서 일등 가는 학교여. 교련 선생이 내가 사상이 나쁘다고 두드려 패. 이유도 없이 맞았어. 검도 선생도 나를 미워해서 성적에 병(丙)을 주고, 교련도 병을 주고. 성적도 떨어지고 많이 두들겨 맞았어. 한국 사람한텐 안 맞고 일본 선생, 일본 상급생한테 많이 맞았어. 내가 졸업 때까지 학교생활을 견딜 수 있을까 그런 생각을 할 땐디. 농림학교 4학년 진급했는데 4월에 일본 군인 가라고 입대통지서가 왔어. 그래서 군인 가버렸어. 그때가 44년. 해방되기 1년 반 전에 일본 군인 가서 해방돼서 돌아왔어. 학교를 찾아갔더니 6년제가 됐어. 두 학년 더 다니고 졸업했지. 군대 갔다가 와보니까 우리 집은 아버지가 노름해서 다 망해버렸어. 집안이 넉넉했으면 무조건 서울로 대학을 갔을 텐데 집안이 어려우니까 서

동물 살리는 의사에서 사람 살리는 의사로 '광주교도소 슈바이처'

울 갈 생각 못하고 전북대를 간 거야."

해방 전에는 이리농림학교만 졸업해도 아무런 시험 없이 수의사가 됐다. 수의사 번호 417번 이성희는 해방 전 마지막 수의사다. 그리고 해방이 되자마자 이리농림학교가 "완전히 찌그러져버렸다". 이리농림학교는 익산대학교에서 전북대학교가 됐다. 해방 전 한국인으로 4년제 수의과 대학을 나온 사람은 두 명이다. 그중 하나가 서울대학교 교수. 6·25 났을 때 피난 안 가고 서울대학에 남아 있다가 피난 갔다 온 사람들에게 부역자로 몰려 쫓겨났고 전북대학교에 와서 수의학과를 만들었다. 여기서 이성희는 조교생활 2년 만에 강의를 시작했다. 손끝이 좋다해서 외과학을 맡았다. 그리고 전북대 부교수 시절 공부를 더해야겠다는 생각이 들어 동경으로 유학을 떠났다.

'진심'과 '거짓' 사이의 고백

본 학 대학원 농학계 연구과 수의학 전공의 박사과정에 있어서 소정의 단위를 취득하고 학위논문의 심사 및 최종 시험에 합격한 것을 인정한다. 동경대학 대학원 농학계 농학연구과 일본 내 위원장. 농학박사 농학사 오시마 야스오. 위원장의 인정에 의하여 농학 박사학위를 수여한다. 소와 42년 10월 20일. 동경대학 총장 경제학 박사,

경제학 학사 공지 가즈오. 농학박사 59호.

"내가 내놓을 거라곤 이거 하나밖에 없어. 동경대학교 박사학위증. 59호밖에 안 돼. 그때만 해도 참 귀한 박사여. 67년 10월 20일 날 받고, 11월 한국으로 돌아왔어. 그리고 바로 얼마 안 있다가 전북대 교무처장으로 발령이 났지. 교무처장 할 땐데 전혀 모르는 사람이 나한테 주례를 서달라고 왔어. 총장은 주례를 서도 난 주례를 한 번도 안 서봤는데 자기 딸 결혼에 나보고 주례를 꼭 서달라는 거여. 그래서 거짓말을 했어요. 나 서울에 문교부로 출장 가는 날이라 안 된다고. 그러니까 날짜를, 결혼 날짜를 바꿀란다고 부탁을 해. 그 사람이 그래. 몇 사람한테 전북대 교수 중에서 누가 제일로 행복하게 잘 사냐고 물어보니까 교무처장이 제일로 행복하게 산다고 그랬대. 할 수 없이 처음으로 주례를 서줬어요. 그담부턴 주례 서느라 김제도 가고, 군산도 가고, 하루에 그냥 두 번도 하고. 그때는 참 내가 행복했어. 제일로 걱정 없이 산 거 같애. 그리고 나서 나 잡혀가버려서 거지가, 하루 사이에 거지가 돼버렸어."

1964년 2월부터 1967년 11월까지 3년 반에 걸친 동경 유학생활. 인생의 황금기를 열어준 그 시간은 그를 다시 암흑기로 몰아넣었다.

1974년 2월 15일 새벽에 생긴 일이다. 중앙정보부에서 나왔다며 세 사람이 집으로 들어와 아무 말도 없이 방을 다 뒤졌다. 아무것도 찾지 못하자 이성희를 중앙정보부 전주분실로 연행했다. 의자에 앉혀놓더니 손으로 따귀와 머리를 때려 모욕감을 주었다. 이좌영과의 관계에 대해 진술서를 쓰라며 종이를 줬다. 이좌영은 이성희의 이리농림학교 후배로 재일교포 사업가다. 유학 시절 경제적 지원을 해주었으며 한집 식구처럼 대해줬다고 이성희는 적었다. 그랬더니 수사관이 1미터 크기의 몽둥이로 사정없이 구타하면서 "사실대로 얘기를 해야 학생들이 눈치 못 채게 바로 풀어준다, 분명히 뭔가가 더 있을 테니 빨리 진술해라, 제대로 얘기 안 하면 죽을 수도 있다"고 협박했다. 며칠을 잠도 못 자게 하고 때리고 괴롭혔다. 여학생같이 유순하고 예쁘장하게 생긴 남자 수사관이 다가오더니 말했다. "빨리 사실대로 진술하라, 그렇지 않으면 사모님도 같이 묶여 들어온다." 그 후로 간혹 옆방에서 여자 우는 소리가 났다. 집사람이 와서 당하는 게 아닌가 싶어 그는 두려움에 가슴이 오그라들었다. 그리고 며칠 후 새벽에 높은 사람처럼 보이는 사람이 그를 흔들어 깨웠다. "당신 동생이 걱정을 한다. 그러니 진실을 얘기하고 빨리 나가라"며 을렀다. 당시 장군이었던 동생 얘기를 하면서 겁을 주니까 마음이 흔들렸다. 진실대로 말만 하면 풀릴 수 있다고 생각해 그는 고백했다.

"이좌영과는 선후배 사이일 뿐이며, 이좌영과는 상관없

©윤유성

동물 살리는 의사에서 사람 살리는 의사로 '광주교도소 슈바이처'

이 이북에 갔다 왔습니다."

1974년 유신 정국은 혼란스러웠다. 군부독재에 대한 국
민적 저항이 심해질 때마다 이를 잠재우기 위해 중앙정보부와
보안사령부가 경쟁적으로 재일동포 관련 간첩사건을 발표했다.
중앙정보부는 재일교포 사업가 이좌영을 필두로 간첩사건의 판
을 키우려고 이좌영과 연계가 있는 형제, 친족, 이리농림학교
동창들을 관련자로 끌어들였다. 그중 한 사람이 동경대 유학생
출신 이성희다. 이성희의 입북 사실을 전혀 몰랐던 그들 입장에
서는 예상치도 못한 '대어'를 낚은 셈이었다.

갑자기 수사관들 사이에 축제 분위기가 일었다. 술과 인
스턴트 음식을 사왔고 그에게도 먹으라고 주었다. 그러나 이후
조사는 더욱 심해졌다. 그들은 이좌영이 포섭해 이성희가 이북
으로 다녀왔다는 시나리오를 만들었다. 그들의 각본대로 진술
하도록 강요했다. 열흘 사이 진술서를 아홉 차례 정도 썼다. 그
는 다시 서울 남산 중앙정보부로 옮겨졌고 수사관 일고여덟명
이 교대로 들어왔다. 그들은 말했다. "이거 박노수랑 똑같은 사
건이네!" 또 조서를 작성하면서 강조했다.
"김규남, 박노수가 이 방을 거쳐갔고 당신이 앉아 있던
의자에서 모든 것을 자백했다."
영국 케임브리지대학 교수 박노수와 민주공화당 김규남

의원은 '유럽 간첩단 사건'으로 1972년 사형을 당했다.

"그때부터 포기했지. 나도 살기가 어렵겠구나. 이창우 검사한테 조사받는데 책상 위에 두꺼운 조서가 두 권이나 있어. 표지에 뭐라고 써 있냐면 '일본을 거점으로 한 간첩 이성희'. 간첩죄? 이젠 죽는 일만 남았구나 싶대. 검사한테 말했어. 내 나이 마흔아홉이다. 오래 산 거라고 생각한다. 하고 싶은 대로 했다. 농촌 사람이 대학교수도 하고, 학위도 따고 이북 사람들의 수뇌부도 만났으니 이제 그만 살아도 된다는 각오를 했으니 어차피 검사님 일하기 좋게 조서를 꾸미시라."

이창우 검사는 반색했다. 참말이냐, 고맙다며 바로 타이핑을 했다. 정보부에서는 23항목으로 공소장을 만들었는데 본인이 17항목으로 줄였다며 공소장을 읽어보라고 했다. 그는 읽어볼 필요 없다며 무인을 찍었다. 이삼일 후 이창우 검사가 방으로 불러서 가봤더니 부인이 와 있었다. 이성희는 말했다. "나를 간첩 취급한다. 도저히 살아서 나갈 것 같지 않다." 그러자 부인은 당신에게 무슨 일이 있으면 셋째아들을 데리고 따라 죽겠다고 했다. 그 말에 마음이 약해졌다. 살아야겠다고 마음을 다시 고쳐먹었다. 이창우 검사는 선심 쓰듯 말했다. 검사 대 피고의 입장이 아니라 인간 대 인간으로 극형만은 면하도록 노력하겠다고. 마지막 재판장에서 이성희는 입북 계기를 이렇게 밝혔다.

동물 살리는 의사에서 사람 살리는 의사로 '광주교도소 슈바이처'

"제가 이리농림학교에서 사상이 불순하다고, 일본인들한테 저항한다고 선생님하고 일본인 상급생들한테 많이 맞고 저를 포함해 한국인들이 차별대우를 받았습니다. 그걸 보고 선조들 잘못으로 후손들이 고생한다는 생각을 했습니다. 일본 동경대학에서 유학할 때도 조교가 무리한 실험을 시키는 등 차별대우를 당했습니다. 일본 사회가 너무 잘사는 걸 보면서 몇 번 눈물을 흘렸고 이런 아픔을 후손에게 물려주어서는 안 된다는 생각이 절실했습니다. 또 저는 일제강점기에 일본군 장교로 복무했습니다. 해방 후 그 일이 내내 마음에 걸려서 조국을 위해 무엇을 해야 한다는 마음이 늘 있었습니다. 당시 한국에서 대학교수의 위치면 고생하지 않고 살 수 있었지만 일본에서 유학하면서 통일에 대한 바람이 열망으로 바뀌어 입북하게 됐습니다.

북한에 딱 3일 있었습니다. 북한의 명소를 둘러보고 김일제1부수상과 30분 정도 얘기를 했습니다. 현재 남한에서는 간첩이라면 친자식도 고발하는 실정이라고, 통일은 무슨 일이 있어도 이뤄져야 한다고 했습니다. 그쪽에서는 미군을 내보내고 나서 양쪽 정부가 협상을 통해 통일을 이루어야 한다고 했습니다. 저는 앞으론 남한에 절대로 공작원을 내보내지 말라고 그러한 방법으론 통일을 이룩할 수 없다고 했습니다. 입당 권유는 없었습니다. 노동당 입당이 그렇게 간단한 것은 아닐 것입니다. 중앙정보부에서 수사관이 때리면서 '북한에 갔으면 당연히 노동당에 입당했을 것 아니냐'고 하길래 매가 무서워서 할 수 없이 그랬다고 했습니다. 조직사업에 관한 말도 못 들었습니다. 지령을 받고 북한에 간 게 아닙니다.

입북은 제 의지로 한 일입니다. 그러나 판사님은 이 점을 알아주시기 바랍니다. 판사님은 남북이 분단된 지금의 현실이 익숙하겠지만 저는 1926년생으로 남과 북이 갈라지기 이전 하나의 조선일 때를 살았습니다. 저에게 북한은 그냥 자연스럽게 오가던 국토의 일부였다는 것을요."

그의 최후진술은 대한민국 재판부를 움직이지는 못했다. 그러나 아들은 설득했다. 나중에 면회를 온 큰아들은 말했다. 아버지가 북한에 간 마음을 이해한다고. 재일동포 유학생 간첩사건을 기록한《조국이 버린 사람들》의 저자 김효순은 당시 정황을 이렇게 전했다.

한국에서 월북이라고 하면 있어서는 안 될 중대한 범죄라는 인식이 정착돼 있지만 이들에게는 또 하나의 조국을 육안으로 보고 싶다는 호기심에서 간 것일 수도 있다. 평양을 갔다 왔다고 해서 바로 간첩으로 낙인찍는 게 능사가 아니다. 판단을 내리기에 앞서 그들이 실제로 공작원 교육을 받고 돌아왔는지, 한국으로 들어와 실질적인 간첩 행위를 했는지, 이들이 수집했다고 하는 정보의 알맹이가 과연 무엇이었는지도 냉정히 따져볼 필요가 있다. '북한'보다 '북괴'라는 표현이 더 익숙하고 '괴집' '괴뢰

집단'이란 용어로 교육을 받아온 국내 학생들과 달리 1960년대, 70년대의 일본에서 재일동포 유학생들이 접한 북한의 인상은 일방적으로 매도당하는 대상이 아니었다. 주류 언론에서도 '주체'의 길을 가는 북한을 호의적으로 묘사하는 보도가 드물지 않던 시절이다.°

1974년 3월 15일 신직수 중앙정보부장은 울릉도를 거점으로 서울, 부산, 대구 등의 도시와 전북 일대 농어촌을 무대로 10여 년간 암약해온 간첩단 47명을 체포(그중 1명 사망)하고 이 중 30명을 구속했다고 발표했다. 당시 신문 1면에는 46명의 얼굴 사진과 인적사항이 실렸다. 이성희는 1심에서 사형을, 2심과 3심에서 무기징역을 선고받았다.

광주교도소 슈바이처, 불쌍한 사람을 위해 살다

"재작년인가 생전 안 보던 사람이 연락을 어떻게 듣고는 날 찾아왔어요. 이박사님한테 밥 한 끼 대접하는 게 소원이랴, 평생소원이랴. 좌익수 아니고 일반 살인수였어. 고구마는 직접 갖고 오고. 쌀은 40킬로를 보내왔어. 나한테 와서 밥 사주고 가

° 　　김효순, 《조국이 버린 사람들》, 서해문집, 2015, 38~39쪽.

서 두 달 있다가 죽어버렸어. 특별히 잘한 기억도 없고 난 기억을 못해도 그쪽에서는 내가 굉장히 고마웠던가봐.

광주교도소에서는 내가 이성희라고 하면 몰라요. 이박사라고 해야 알아. 실질적으로 내가 의무과장으로 행세를 하고 지냈어. 가슴에 수인번호만 붙였다 뿐이지. 의무과장이랑 똑같은 가운을 입고 진료하고 약 처방하고 다 했거든. 해방 전부터 '약 본 전중이(징역살이하는 사람을 속되게 이르는 말) 물 본 기러기'란 말이 있을 정도야. 그 안에서는 다들 불안해하니까 약이라도 있어야 해. 머리 아플 때 먹는 약, 배 아플 때 먹는 약. 안 아파도 미리 받아놔. 자기들이 해달라는 대로 내가 처방을 해주니까 나를 그냥 많이 좋아했어요. 교도소에서 재소자한테 비싼 약을 해주나. 다 해먹는 것들이 다 해먹고. 거기서 약 한 번 제대로 지어먹어도 얼마나 도움이 되겠어요."

이성희는 '광주교도소 슈바이처'로 불렸다. 처음 1년은 인쇄 공장에 나갔는데 의무과에서 요청이 왔다. 법규상 국가보안법 위반 사범은 의무과로 출력을 나가지 못하지만 그의 도움이 필요한 일이 자꾸 생겼다. 그때마다 이성희는 구원투수처럼 등판해 전문 지식과 숱한 경험으로 다져진 의술을 발휘해 일을 처리했다.

"80년 광주항쟁 났을 때 전남대학교 학생회장이 박관현이야. 광주항쟁이 나고 구로공단에 가 있었대. 한 1년 숨어 살다가 광주교도소로 잽혀왔어. 그런 특수한 사람들은 들어오면 나한테 인사를 와. 그래서 알고 있었지. 박관현이 그동안 계속 단식투쟁을 했어. 소장 면담을 해달라고. 이유는 뭔가 하면 김치를 비닐봉투에 담아서 천 원, 이천 원씩 팔거든? 그 정도 같으면 교도소에서 김치를 담가서 줄 수도 있지 않냐. 교도소에서 김치를 담그라고 단식투쟁을 했어. 단식을 끊었단 말은 들었는데, 어느 일요일 아침에 의무과로 왔어요. 일요일이니까 의사도 없고 아무도 없어. 아 근데 얼굴색이 하얘. 백짓장 같애. 혈압을 쟀더니 백이 조금 넘어. 의무과장을 불렀더니 와서 닝겔 한 병 놔주라고 하고 갔어. 해가 졌는디 또 혈압이 90밖에 안 나와. 계속 떨어져. 안 되거든. 내가 의무과장을 불렀어요, 이러다간 오늘 밤 못 넘긴다. 바깥에 병원 내보내야 한다고 설득해서 교도소에서는 허가가 떨어졌는데 박관현이 안 나갈란다고 해. 학생회장이었으니까 자기 동창들이 의사들이잖어. 그런 것 때문에 그런지 안 나간다고 그래. 박관현이한테 다른 직원이 설득을 해. '이박사가, 나가야 한다고 하니까 꼭 나가라. 국내 박사가 아니라 외국 박사다. 동경대학 박사다. 이 양반 말을 들어야 한다.' 몇 번을 설득했더니 나중에 좋다고 나갈란다고. 나한테 절을 하고 지가 걸어 나갔어요. 근데 병원에 간 다음에 바로 발병해가지고 죽어버렸댜. 심근경색이지.

내 진단이 맞은 거여. 그 사건이 국내에선 보도가 안 되고 외신에 떠버렸어. 근데 전남대 학생회장이 교도소에서 맞아 죽었다 하고 떠버린 거야. 국회에서 법무부 장관 데리고 막 질의를 한 거여. 교도소 안에서 죽었으면 큰일인디, 이 사람이 나가서 죽었거든. 그러면 교도소에서 할 일을 한 거여. 교도소 안에 소장이라든가 누구 하나 처벌도 안 받고 그냥 넘어갔어요. 그날 그 학생을 데리고 외부 병원에 간 담당 직원이 '광주교도소가 이 일로 아무 처벌도 안 받고 이대로 간 것은 간병부장 이성희 덕분이다' 이렇게 말했지. 교도소 안에서 논의가 됐어. 나를 위해 저들이 무엇을 해줄 수 있냐 하면, 내가 그때 3급이었거든. 3급에서 2급 건너 뛰어가지고 1급 시켜준 거야. 원래는 모범수가 13년 만에 되는디 나는 7년 만에 1급수가 되었어. 그 사람 때문에 내가 특별대우를 받은 거여.

이번엔 송 씨 일가 간첩단 사건으로 할아버지가 왔는데 내가 보니까 장이 막혔어. 위험한 상황인데 의무과장이 그냥 돌려보내래. 근데 죽어버렸어. 일요일 날은 교도소 사람들이 강당에 다 모여. 기천불이라고 해. 기독교, 천주교, 불교 세 군데서 와서 교대로 설교를 하니까 다 모일 수 있는 거예요. 그때 만나고 싶은 사람 만나. 거기서 내가 그 할아버지 죽은 얘기를 해줬어. 사람 죽고 나니까 전남대학교에서 진단서를 가져왔더만 장폐색이라고. 장이 맥혀 죽었다고. 내가 한 진단 맞았지. 장폐색이 맞았다. 의무과장이 그 할아버지를 내보냈으면 되는 건데 안 내보내서 죽은 거다. 나중에 다 가서 데모를 한 거여. 교도소에서 재소자가 3일간 단식투쟁을 하면 법무부에서 파견돼서 내려와요. 그래 3일간 단식투쟁을 했어. 사상범들 있는 4동 사람들이 했어. 거기에 김남주 시인도 있었어. 법무부에서 와서 조사를 하고 의무과장한테 사표를 내라고 했는데 그 사람이 못 낸다고 자긴 잘못이 없다고 버텨. 그래 사표를 또 내가 대신 써서 처리돼서 나갔지.

　　약 담당하는 직원, 간병반장, 그 두 사람이 짜고 교도소 예산으로 비타민제 비싼 약을 사서 직원들이랑 간부들한테 선물해요. 재소자한테 하나도 안 주고 약을 다 빼돌려. 맨날 들고 가서 팔아. 팔아가지고 둘이 나눠 먹을 거 아니야. 내내 그래왔어요. 근데 서울대학교 나온 사람이 보건의로 배치됐어. 아버지가 영문학 교수인데 내가 아는 교수하고 친구야. 그래서 내가 부탁을 했어. 여기 전부 불쌍한 사람인데 약을 빼돌리고 그 지경을 하고 있으니까 와서 좋은 일을 하고 가라. 내용을 조사해서 밝혀냈지. 약 담당하는 직원한테 그동안 해먹은 돈 물어내든지, 그렇지 않으면 딴 데를 가라. 그러니까 그동안 해먹은 돈이 상당한데 물어낸다고 할 거여? 다른 데로 가고 간병반장도 쫓겨 가고. 그다음부터는 내가 간병반장이 되었어. 그래가지고 정말로 내 마음대로 봉사를 했어요."

　　봉사. 남을 위해 애씀. 그가 전북대 교수로 있으면서는 한 번도 생각해본 적 없는 단어였다.

　　"부잣집 아들로 태어났으니까 나만 알고 사는 거여. 그런데 광주교도소 가서 참 나보다도 불쌍한 사람이 많다는 걸 알게 됐어요. 군산, 목포, 여수 근방 납북어부들. 그 사람들 북한에 끌려갔다 오면 일단 재판을 받아. 집행유예로 내보내고 5년 10년 후에 그 사람들을 간첩으로 만드는 거야. 또 좀도둑 하다가 들어온 사람들도 있고. 누가 면회 한 번도 안 와. 전부가 불쌍한 사람들이지. 그 사람들을 마음먹고 도왔어. 항상 집에서 꼭 영치금을 보내와요. 나 쓰라고 하는 돈인데, 거기서도 돈 쓸 일이 여러 가지로 있어. 배추김치도 사 먹지, 가끔 사과 오면 사과도 사 먹지, 귤 장사 오면 귤도 사 먹지. 라면도 사 먹고 그래. 근디 나는 나를 위해서 그 돈을 안 썼어요. 불쌍한 사람들을 위해서 참 많이 썼어. 저리 다른 교도소로 이감 갈 때 라면이라도 사서 가져가라고 보내주고, 사과 같은 거 사면 나눠주고. 나를 위해서 쓴 것보단도 어렵고 불쌍한 사람들을 위해 돈을 썼거든.

남들은 나를 징역살이 사는 사람이라고 생각을 안 해. 왜냐면 교도소에서는 한 발짝을 옮길래도 동행해. 독보 권리가 없어. 근데 나는 청진기 하나 들고 독보를 한 거야. 그런 점에서는 편하게 살았어. 그래도 감옥은 감옥이지. 10년까지는 모르고 살았는데 10년 지나니까 죽고 싶다니까. 시간이 안 가. 그런데 불쌍한 사람들 약 챙겨주고 병 고쳐주고 돕는 재미로 산 거여."

3박 4일 북한 방문에 17년 징역살이

이성희는 1988년에 무기에서 20년으로 감형되었고 17년을 복역한 후 1991년 2월 25에 출소했다. 그사이 둘째아들이 서울대 해양학과에 다니다가 갑자기 간암으로 죽었다. 주변에선 아버지 사건 때문에 아들이 충격으로 병에 걸려 숨진 거라는 소문이 나기도 했다. 남편이 잡혀가고 어느 날 갑자기 가족의 생계를 맡게 된 부인 전영주는 무교동에 네 평짜리 분식점을 냈다.

"분식점 할 때 근처 교보빌딩에서 딱하니 강모 교수를 만났는데 나를 보더니 뒷걸음질을 쳐요. 간첩 부인을 만나서 큰일 난다 이거지. 그런 세상이었어요. 아이고, 내가 그래서 남의 집에 일절 가지도 않고 만 5년을 다동에서 분식점을 했네. 남한테 손 벌리지 않고 살려고. 애들이 다 대학을 졸업하니까 하기 싫더라고요. 5년 장사했더니 29평짜리 아파트를 하나 사겠더라고. 장사가 잘됐어요. 둘째아들이 죽고 1년 동안 면회도 안 가고 그때가 제일로 힘들었지요."

전영주는 개화된 집안에서 자랐다. 아버지는 해방 전부터 초등학교 교장을 맡았다. 어머니는 해방되자마자 초등학교 여자 교장 1호로 부임했다. 부부 교사의 딸로 1931년 익산에서 태어났다. "젊어서는 명랑하고 활발해서 막 노래 부르기도 좋아하고, 문학잡지 읽는 것도 좋아했다"는 그. 그런데 "17년 동안에 기가 원체 죽어 살아놔서 웃음도 그전같이 안 나온다"며 고개를 젓는다. 안 하던 장사를 하고 하던 말을 줄이고 그렇게 조용히 삶에 몰두하며 번 돈으로 두 아들을 짝 지웠다. 물론 이성희는 한 아들의 장례식과 두 아들의 결혼식에 참석하지 못했다.

　이성희의 동생 이삼희는 사건 당시 2군 정보 참모였다. 언젠가 경북대에서 강의하고 동생 숙소에서 잔 적이 있다. 가족의 안부를 묻고 학교생활에 대한 대화를 나누었는데, 그 일화가 수사 과정에서 군 감축 문제나 휴전선 경비 상태에 대해 이야기한 걸로 조작됐다. 형 이성희가 무기징역을 선고받고 군인 동생은 옷을 벗었다.

　"별 두 개, 세 개 달고 싶었을 텐데 나 때문에 별이 떨어졌으니 항상 미안하지. 자리에서 물러났지만 퇴직금을 제대로 받고 금전적 손해는 없었다니 다행이지. 근데 그 제수씨가 나를 꼭 간첩으로 생각한대. 나 교무처장 할 때 한번은 서울에 갔는디 동생은 일산에 가고 없고. 제수 혼자 있는데 가기가 미안하잖아요. 그래 나는 여관에 들었어. 다음날에 문교부 들어갈려고. 그런데 서울에 무슨 행사가 있어서 청진동 여관이나 새로운 여관이 전부 만원이여. 찾고 찾고 해가지고 뒷골목에 가서 아주 허름한 헌 여관에 가서 잤어요. 제수씨는 '교무처장 하는 사람이 왜 허름한 여관에 들었을까' 하고 생각을 했을 거여. 그런데 내 사건 딱 나고 나니까, '아! 간첩활동 하느라고 제대로 된 여관 안 들고 자그만한 여관에 들었구나', 그렇게 생각을 한 거여."

　동물 살리는 의사에서 사람 살리는 의사로 '광주교도소 슈바이처'

가족이 등을 돌리고 지인도 못 본 척하고 학계에서도 외면하는 고립무원의 처지. 감옥에서 나왔을 때 그의 나이 예순다섯이었다.

"17년 살고 나오니까 참말로 무일푼이여. 전북대에 수의과 창립할 때부터 내가 조교였잖어. 그때 다 내 강의 듣고 졸업한 사람들이 현직 교수잖아. 징역 살고 나오니까 날 안 받아주는 거여. 저그들끼리 의견이 안 맞아. 한쪽에선 받아줘야 한다, 한쪽에선 안 된다. 전북대뿐만 아니여 사회에서 아무도 날 안 받아줘. 몸 붙일 데가 있어야지. 그래서 축협 동물병원 수의사 채용공고를 보고 강원도 인제로 왔어. 여기 온 지 4년쯤 됐을 때, 내가 징역 살고 왔다는 소문이 났는가봐. 그만둬달라는 의사 표시가 오더라니까. 또 갈 데가 없어. 그래서 도계 공장, 닭 잡는 공장에서는 닭 검사하는 수의사가 필요해요. 거기서 일했지. 월급도 아주 적어. 60만 원 받고 시작했어. 공장이 망해버리면 월급도 못 받아. 공장 주인이 여섯 번이나 바뀌었어. 그때마다 월급을 못 받았어. 참말로 반거지로 생활했어 지금까지. 얼마나 돈을 애꼈는가, 잠깐 자리가 빌 때도 전기를 끄고. 대학교수란 사람이 간첩으로 몰려가지고 지금까지 거지같이 생활하고 있는 거여.

나는 왜 천주교가 싫어졌냐 하면, 설교를 하는데 남보다 저자세로 해라, 남한테 봉사해라, 뭐 좋은 소리를 막 해. 그중에서 한 가지 거짓말이 있어. 하느님이 전지전능하단 소리를 꼭 하거든? 근데 전지전능하면 왜 나 같은 사람을 무기징역을 살려요? 그래서 난 싫어. 내가 생각하기에는 절대로 내가 무기징역을 할 만한 짓거리를 한 건 아닌디. 이북 간 것은 정말로 민족을 장려를 하기 위해 갔다고 생각을 하거든? 이후락이도 북에 갔다 왔어. 이후락이보다 내가 1년 먼저 갔다 왔거든. 그놈은 갔다 와도 아무렇지도 않았는데, 나는 3박 4일 갔다 왔다 해서 징역을 사형을 주고 말이야. 내가 3박 4일로 이북에 갔다 온 걸, 아이고, 실정법 위반이면 한 3년 징역 살아주면 돼. 근데 간첩이라고 사형이나 무기를 줘. 그 누구여 (북한에 다녀온) 임수경이 3년 살았지. 문익환이도 3년 살았지. 내가 그 3년짜리여. 재판 때도 그랬어. 1심에서 사형을 주면서 판사가 변호사를 통해서 하는 소리여. 이게 15년짜린디, 15년을 선고해도 된다. 근데 만약에 15년을 주면은 내가 옷을 벗어야 한다. 판사를 못하게 된다. 그래 할 수 없이 사형을 준다. 사형을 선고한 판사가 변호사를 통해서 전해왔어요. 2심에 와서 잘해봐라. 1심에서는 도저히 사형을 안 주고 할 도리가 없다. 중앙정보부에서 무슨 짓거리를 했냐 하면 그때 판사들 속초에 데려다가 한잔 멕이고 그런 짓을 다 했어. 참 나쁜 놈의 새끼들.

　　박정희가 나 징역형을 살린 거여. 박정희 때 내가 재판을 다 한 거여. 그래서 박근혜가 TV에 나오면 내가 채널을 틀어버리잖아. 지금까지 자기가 한 일에 대해서 사과 않고 있잖아요.

동물 살리는 의사에서 사람 살리는 의사로 '광주교도소 슈바이처'

어거지로 징역을 살린 거 아니여. 지금 무죄판결하고 보상까지
해줬으니까 재판을 잘못한 거 아니냐고. 근데 한마디도 않고 있
잖아요."

무죄판결, 안 죽고 산 것이 참말로

이성희는 2006년 7월 26일 진실화해위원회에 진실규명
을 요청했다. 서울고법은 2012년 1월 재심을 결정하고, 그해 11
월 22일 군사기밀을 탐지한 간첩 혐의 등에 대해 무죄를 선고했
다. 그러나 재판부는 그가 일본 유학 기간 중 나흘 동안 북한에
일시 밀입북한 점은 인정하고 징역 3년, 자격정지 3년형을 선고
했다. 재판부는 양형 이유에 대해 "사회적 호기심 때문에 밀입
북한 것으로 보이는 점, 잠입 기간이 짧고 국익을 해하는 정도
는 아닌 점 등을 고려했다"고 밝혔다. 이 판결은 2014년 12월 11
일 대법원에서 그대로 확정됐다.

"그 안에 안 죽고 산 것이 참말로, 아이고 나는 이 판결
나기 전에 죽을 줄 알았어. 무엇을 가지고 저세상으로 떠날 수
없으니까 있는 걸 베풀고 살아야 해. 형사 보상금 나와서 자식
들 나눠주고 감옥에서 30년 살다 나온 사람들에게도 100만 원씩
보냈어. 다들 한때가 있어. 잘될 때가 젤로 중요해. 내가 전북대

에서 교무처장 할 때 최고로 대접을 받았어. 나를 다들 위해줘. 민관식 문교부 장관이 총장 해달라고 부탁하고 국무총리 결재까지 났다가 대통령 결재 과정에서 틀어졌어. 나중에 보니까 육여사 인맥이 총장이 됐어. 그때 만약 내가 총장까지 하고 있었다면 아마 나도 박노수, 김규남처럼 사형을 당했을 거야. 총장 안 돼서 안 죽고 살았지. 잘될 때 자만하지 마라. 그럴 때일수록 고개를 숙이자. 이것이 내가 얻은 교훈이여."

이성희의 아내 전영주는 유배 오듯 왔지만 강원도 인제에서 보낸 20년 세월, 모든 것이 감사하다고 말한다.

"조용한 게 지금 행복하거든요. 잔잔하게. 이 양반이 저 정도 건강한 것도 고맙고, 그냥 우리 둘이 애끼면서 사는 것도 고맙고, 애들이 그런 대로 밥 먹고 사는 것도 고맙고, 며느리들도 굉장히 고맙고. 조용히 살다가 가고 싶어. 이 사람이 젊었을 때는 키 173에 80킬로, 아주 훤칠했거든. 지금은 늙어서 서로 쳐다보면 안쓰럽고. 둘이서 딱 5년만 더 살자고 그랬어."

생의 시기를 지나야 보이는 자신의 허물이 있다. 2016년 초여름, 아흔 살 노인은 지팡이도 없이 정정한 걸음으로 제자를 찾아가 40년 전 일을 사과했다. 죽기 전에 해야 할 일, 삶의 뒷정리, 스스로 내준 인생 숙제를 마쳤다. 홀가분하다. 그가 풀 수 없는 숙제가 있지만 풀려고 노력은 해봤으므로 회한은 있어도 후회는 없다.

"이대로 가면 언제 남북 충돌할지 모르잖아. 항상 불안

동물 살리는 의사에서 사람 살리는 의사로 '광주교도소 슈바이처'

해. 내 생전에는 틀렸어. 내가 죽더라도 이런 불안한 생활에서 벗어났으면 쓰겄어. 지금 생각은 그래요. 북에 갔다 온 거, 법에 없는 거 해서 징역은 살았지만 그때 생각이 큰 잘못은 아닌 거 같아. 무슨 일이 있어도 통일은 돼야 해. 우리 같은 단일민족이 없잖아요. 그 결과를 못 보고 죽게 생겼어."

울릉도 간첩단 사건

1972년 10월 17일 유신 선포. 1974년 1월 8일 긴급조치 1, 2호 선포. 그리고 1974년 3월 15일 울릉도 간첩사건이 발표됐다. 최종길 교수 고문치사 사건으로 좌천된 차철권은 부하 최길하에게 이좌영(최길하의 매형)의 동태를 살필 것을 지시, 그를 이용해 재기의 발판으로 삼는 것을 꾀한다. 이좌영을 수괴로 이좌영의 후배 이성희 전 전북대 교수를 전북 거점 기지 책임자로 지목하고 일본 유학이나 연수 중 관광시켜준다는 말에 북한을 다녀온 사람, 월북자 가족, 조업하다가 납치되어 구금당했다 돌아온 어부까지 엮어 47명의 울릉도 간첩단이 만들어진다. 이 사건 이후 차철권은 좌천 4개월 만에 특진했고 이좌영의 한국 회사는 최길하 소유로 넘어갔다.

1974. 2. 15. 중앙정보부 전주분실 연행

1974. 7. 24. 서울형사지방법원 사형 선고

1974. 12. 9. 서울고등법원 무기징역으로 감형

1975. 4. 8. 무기징역형 확정

2010. 8. 23. 서울고등법원 재심 신청

2012. 10. 25. 선고(연기)

11. 22. 간첩죄 무죄 선고

11. 29. 검사 대법원으로 상고

2014. 12. 11. 대법원 무죄 확정

동물 살리는 의사에서 사람 살리는 의사로 '광주교도소 슈바이처'

날 알아주는 사람이 있는
그곳에 가고 싶다

박 순 애

열두 평 영구임대아파트에 침대 하나 옷장 하나 있는 단출한 세간살이는 24년째 그대로다. 이곳에 사는 박순애는 텔레비전을 벗 삼아 하루해를 맞고 하루해를 넘긴다. 일본문화채널 J 고정이다. 볼륨은 50까지 최대한 키운다. 일본어로 나오는 다큐멘터리를 보고 영화도 감상한다. 침대 머리맡엔 손때 묻은 소설책 《빙점》 일어본 상하권이 포개져 있다. 이토록 마음이 현해탄을 건너가는데는 이유가 있다. 박순애는 1930년생. 한의원집 4남 3녀의 막내딸로 태어나 마당에 복숭아나무, 배나무 자라던 풍요로운 유년을 보냈다. 교육열 높은 오빠들의 보살핌으로 명문고를 거쳐 대학에 들어갔다. 그러다 전쟁통에 엄마가 죽고 가족이 흩어졌다. 한때 동네에서 '여맹위원장'을 할 정도로 당찼던 그이지만 여자는 일하지 말고 집에 있으라는 아버지 명령에 결혼도 취직도 미뤄졌다. 양친이 떠나고 혈육의 끈이 떨어진 그는 궁여지책으로 재일교포와 결혼해 일본으로 간다. 불법체류자로 걸려 7년 만에 그리운 한국에 돌아왔으나 고국 땅은 서슬 퍼런 유신시대, 그를 맞이한 건 중앙정보부 직원이었다. "나를 왜 간첩으로 만들려고 하는가 모르고" 간첩이 됐다. 옥중 생활 12년 동안 단 한 명의 면회객도 없었다. 일본에서 피붙이처럼 돌봐준 친구가 서신을 보내왔고, 훗날 그의 무죄 증명을 위해 기꺼이 증인석에 서주었다. 그러니까 박순애에게 일본은 '나를 알아주는 유일한 사람'이 있는 인정 어린 땅이고, 그래서 자꾸만 몸이 돌아앉는 곳이다. 한국전쟁, 군부독재 등 역사의 격랑기에 휩쓸려 모든 관계가 끊기고 긴 생을 저 홀로 표류했던 그는 "고생, 고생, 이날까지 고생"이라고 고개를 내저으면서도 또 지나고 나니 감옥에서 지낸 일도 추억거리가 되었다며 짱짱한 목소리로 당부한다. "내 얘기 잘 써줘잉. 아무리 이런 얘기라도 유머러스하기도 하고 그래야지."

6 · 25만 아니면 변호사 됐을 껀디

"나는 대학교 다니느라 전주에서 큰오빠하고 있었거든. 남원군 아영면에 엄마 만나러 갔는데 6·25가 나뿌렀어. 둘째, 셋째오빠가 아영국민학교 선생으로 있고 거기에 어머니도 같이 계셨거든. 우리 아버지가 아영면에 집을 하나 좋게 지어줬어. 기와집 ㅁ자로. 나는 엄마한테 갔다가 6·25가 나서 전주로 못 돌아오고 아영면에 있다가 여성동맹위원장을 하게 됐어. 아영면 옆 동네가 인월면. 거기 사는 박완섭 딸 박영자가 나하고 전북여고 동창이야. 인월면에서 걔네 집이 제일 잘살아. 걔가 우리 집에 왔더라고.

'순애야, 우리 한번 하끄나?' 그래서 '뭔데?' 그랬더니 '좋아야. 댕기면서 강연도 하고 그런단다' 그래. 지리산 가는 길에 산내면에는 박숙자라고 있었어. '걔도 지금 한단다' 그래. 우리 셋이 했어. 여성동맹위원장이 뭔지도 모르고 한 20일 했지. 부락에 가서 여자들 모아놓고 연설 한 번 했어. 뭐 공산주의는 어떻고 저떻고 하는 거지. 뭐라고 그랬는지는 오래돼서 기억이 안 나. 난 전북여고 댕길 때 공산주의 책을 두 권 읽은 게 다야. 고리키 노 하하(の はは)(막심 고리키의 《어머니》), 고리키가 러시아 문학가거든. 내가 유명한 책 다 읽었잖아. 《장발장》 그 책이 공산주의 시초여. 아, 《무정》도 있다. 《춘희》《테스》《귀부인》 같은 세계문학전집도 읽고. 학교 도서관에서도 보고. 애가 보던 거

애가 주고 돌려가며 읽었지. 내가 책을 좀 읽었당게. 그런 책 읽
었다간 큰오빠한테 혼났는데도 나는 책을 좋아하니까, 공부 시
간에도 책, 집에서도 책. 박영자는 책 안 읽는 애여.

전북여고 동창 서양순이라고 있어. 그 애 외삼촌이 특별
한 사람이었어. 문학가여. 산 밑에 집이 아주 좋게 있어. 방에다
까만 커텐을 쫙 쳤어. 커텐 닫고 불 켜놓고 있어. 아주 문학적이
야. 정원에는 나무토막으로 만든 의자가 있거든. 비를 맞고 눈
을 맞아서, 밟으면 바싹 찌그러질 것 같은 의자가 있어. 자주 놀
러 갔어. 문학적이니까. 내가 문학을 좋아했어."

문학적인 것이란 무엇일까. 그것은 아주 특별한 것, 자연
적인 것, 어두운 것, 낡아버린 것, 빠져드는 것, 아슬아슬한 것
임을 소녀 순애는 마음으로 느꼈다. 설명할 수 없지만 울컥한
것, 불안하지만 설레는 것, 외롭지만 고고한 것을 이야기하는
문학에 빠져들었다. 그건 어쩌면 너무도 일찍 자신에게 닥친 상
실과 떠돎을 체험한 탓에 생긴 끌림인지도 모른다.

박순애가 일곱 살 때 부모가 이혼했다. 그는 부산에서 한
의원을 하는 아버지와 살다가 전주의 엄마랑 있다가 오빠네 집
에서 공부하다가 또 혼자 하숙을 하기도 했다. 학창 시절 주된
양육자로 그의 학업을 돌봐준 사람은 큰오빠다. "내가 공부를
좀 션찮게 해서" 큰오빠는 그를 김제로 데리고 갔다. 전북여고
는 떨어질 것 같으니까 김제여고에 입학시켰다가 해방되고 전

주로 와서 전북여고 2학년으로 전학을 갔다. 전북여고에서 또 낙제를 면하기 위해 경남 진주여고로 옮겨서 고등학교를 수료했다. 간호원이 되면 좋다는 큰오빠의 말에 전주 고성간호학교를 갔다. 교육열이 강한 큰오빠는 어떻게든 그를 가르치고 번듯한 직업을 만들어주려고 했으나 박순애는 간호사가 되는 공부에 흥미가 생기지 않았다. 간호학교를 2학년에 그만두고 명륜학원(현 전북대학교) 법학과로 다시 입학했다. 바로 이거였다. 법 공부는 머리에 쏙쏙 들어왔다. 원체 기억력이 좋았기 때문에 외우는 건 두렵지 않았다. 초등학교 중학교 때 웅변대회만 나가면 1등을 도맡아 따오던 그다. 말이 논리적이고 설득력 있는 아이였다. 집안에서도 기대가 컸다. 큰오빠는 직장인 도청에 가서 자랑을 하고 다녔다. "우리 집은 이제 여 변호사 나왔다!" 오랜 헤맴 끝에 드디어 적성에 맞는 공부를 찾았나 싶었다. 그런데 법과 2년 다니던 중 6·25가 일어나 학업을 중단해야 했다. 지금 생각해도 아쉽고 아쉽다. "6·25만 아니면 변호사 됐을 껀디……"

문학을 사랑한 법대생 전쟁으로 가족과 생이별

"인천항군작전(인천상륙작전)이 있었잖아. 나는 아영면 엄마 집에 가는 길 딱 중간에서 후퇴한다는 말을 들었어. 사람들이 다 도망가는 거야. 난 집에도 못 가고 입던 옷 그대로 입고 그 사람들 따라가버렸어. 그 무리에는 인민군도 있고 농부도 있고 그랬지. 산길로 어데로 가는데 인민군들 다리가 빠개진 사람, 죽어 있는 사람이 많아. 산골짜기에 인민군들이 많이 죽어 있어. 산골짜기를 지나서 내가 어디까지 갔냐면, 충남 영동군. 한 이틀 걸었나. 도저히 못 따라가겠어. 다리가 아파서. 진짜배기 공산당이 아닌데 내가 뭐가 그리 의지가 강하겠는가. 고생도 안 하고 자랐는디. 나만 엉터리가 따라갔지. 난 살짝 빠져버려서 어느 집에 들어갔어. 나 좀 쉬게 해달라고. 그랬더니 밥도 주고 쉬게 해줬어. 하룻밤 자고 밥 먹고 내가 영동경찰서로 가갖고 자수했어. 여성동맹위원장을 했는데 여기까지 왔다가 그 사람들 못 따라갔고 나는 처졌지. 그리고 전주경찰서에 근무하는 백정기가 우리 셋째 형부라고 말했더니 연락이 됐던가봐. 거기 순경이 나를 전주 우리 큰오빠네 집까지 잘 데려다줬어. 그게 스물한 살 때야. 전주 집에 와서 조금 있으니까 아영면에 있는 어머니가 돌아가셨다고 기별이 왔어. 근데 난 아영면에서 여성동맹위원장을 했응께 거기를 못 가잖아. 순애야, 너는 거기 안 가는 게 낫다고 우리 식구들이 말려. 오빠들만 가고 난 안 갔어. 안 좋지. 맘이 괴롭지.

엄마 돌아가시고 부산 아버지한테 갔어. 전주 큰오빠는 대학교에 갈라면 도로 가라 했는데 나는 그냥 학교 안 간다 했어. 어머니가 돌아가시고 나니까 모든 게 싫어. 법 공부도 싫어. 막 슬퍼지고. 그래가지고 한 1년은 그냥 아무것도 안 하고 있다가 부산을 간 거 같애. 아버지는 또 나를 취직을 못하게 해. 아버지가 한약방을 하고 그래서 구식이여, 구식. 머리가 발달이 못 됐어. 우리 아버지 한의원이 입원실 여섯 개나 있고 컸어. 조선방직 회사 바로 옆이고 부산진 시장도 가깝고 위치가 좋지. 조선방직 사장 부인, 과장 부인이 보약 지러 와. 얼굴이 하야니 귀티가 나는 사람들이야. 그때 돈으로 몇 십만 원짜리를 지어가고 그랬어. 말 한마디만 뻥긋하면 나를 그 회사 사무원으로 넣어줄 텐데 아버지가 반대했어. 가스나가 취직하면 바람난다고.

　　아무튼 부산에 가믄 징역살이여. 머리도 이렇게 조신히 땋고 있으라고 그랬는데 내가 파마를 했어. 아버지 몰래 해서 아버지하고 밥을 먹으면서 수건을 쓰고 먹었네. 파마한 거 보면 양갈보 같다고 뭐라 하니까. 처녀 때 내가 몸이 약했어. 그러니께 몸도 안 좋은데 시집보내면 쫓겨 온다고 아부지가 나 결혼하는 걸 연기를 했어. 양산 언니네 집에서 한두 달 있다 오고 전주 오빠 집에도 가고. 스물두 살부터 서른 살까지 이집 저집 왔다 갔다 했지. 아버지가 나한테 용돈을 계모 몰래 줬어. 계모 보는 데서는 '이렇게 돈이 하나도 없는데 어쩔래?' 그래 놓구 약방에 머슴애 시켜서 나한테 돈을 보내. 그걸로 차비해갖고 전주에 가면 내가 선물 많이 사가지고 가거든. 그러믄 조카들이 내 앞으로 모여들어. 막 고모~고모~ 하고 달려와. 우리 큰오빠가 문을 이렇게 열어보고 나한테 말하지. 집에 갈 차비는 냉겨놓고 써라."

애지중지 싸고돈 병약한 막내딸의 결혼을 유예시키던 아버지가 돌아가셨다. 박순애 나이 서른하나, 홀로서기가 시작됐다. 부산 영도에 전세방을 얻었다. 교육보험 회사에 취직해서 집과 회사를 오가는 조신한 생활을 했다. 한동네에 사는 이웃이 재일교포인 자기 형을 소개시켜줬다. 나이가 많고 자식이 있는 남자였다. 그래도 결혼을 결심했다. 그럴 수밖에 없었다. 도청 다니던 큰오빠가 5·16쿠데타 후 대기발령이 났다. 언니는 계를 잘못 들어서 큰 손해를 입었다. 전주에서 다섯 손가락 안에 드는 부자였던 오빠는 망해버리고 야반도주해서 서울로 갔다. 언니도 오빠도 믿을 수 없고 아버지도 돌아가시고, 어느 날 갑자기 고립무원의 처지에 놓이자 일본이나 가야겠다 생각한 것이다. 1970년 7월 30일 박순애는 새 출발을 위해 한국을 떠났다.

착한 남편, 고마운 친구에 의지한 일본 생활

결혼생활은 예상과 달랐다. 남편이 구두 공장을 운영하는데도 아무런 권한이 없었다. 아들과 며느리가 주도권을 쥐고 자기 아버지에게 일을 시키며 월급을 주었다. 얼마 후 추석이 돌아왔다. 아들과 며느리는 음식을 장만해 술상을 차려놓고 배불리 먹고 부모에게 일을 시켰다. 박순애는 가만히 있지 않았다.

"내가 공부도 안 하고 가난한 집에서 고생고생 하고 산 사람이 아니잖아? 그래서 내가 이것이 아니다. 내가 한국에서 일본에 올 때 고생하려고 온 게 아니다. 나를 잘못 델고 갔지. 고생한 사람을 데꼬 갔으면 참고 살았을 텐데. 그 사람은 나를 잘 선택을 못했어."

며칠 후 그의 일본행을 도운 여행사 사장을 찾아갔다.

"일본에 올 때는 돈이라도 한 푼 벌려고 왔는데 이 집에서 꾸벅꾸벅 일만 해주러 온 건 아니지 않소. 긍께 나는 나와버리고 싶소. 취직을 해야겠소. 그러니까 그 집에서 나오믄 불법체류자가 된대. 할 수 없다고 하고 그 집에서 나왔어. 여행사 사장이 나를 후쿠오카에 있는 큰 식당에 소개했어. 불고기집이야. 두 달 동안 일을 했는데 맨날 병원에만 댕겼어. 일이 고돼. 아침 여덟 시에 식당을 나가믄 내 방으로 올라오믄 별이 둥둥 떴어.

여행사 사장한테 또 찾아갔더니 오리엔탈 택시 회사 사장 강길장을 소개시켜줘서 그 집에서 한 달 안 되게 있었지. 그 집 가족하고 다 친했는데 특히 강길장의 딸 중 강아세랑 많이 친했지. 나보다 두 살 밑인데 강아세도 자식이 없었고 나랑 처지가 비슷해서 말이 잘 통해. 일하다가 비는 시간에 가면 둘이 이런저런 얘기하지. 내가 오사카 에진바라 호텔에서 안내원으로 일했거든. '이라샤이마세' 인사하고 그건 적성에 맞어. 식당 일에 비하면 그렇게 좋을 수가 없어. 월급도 더 많고. 근데 야근이 있어서 사람이 지쳐버려. 힘들다고 하니까 강아세가 남편한테 말해서 다른 일자리를 소개해줬어.

그 집에 갔더니 조총련, 김일성 사진이 있고 빨갛고 그래. '아, 이게 조총련 집이구나' 생각했지. 근데 다른 일자리 소개해준다고 해놓고 취직에 대해선 말도 안 하고 화장품을 사주고 나를 데꼬 다니면서 구경시키고 그래. 벌써 눈치가 틀렸어. 엿새 만에 그 집 주인이 나간 사이에 돈만 갖고 짐은 그대로 놓고 신간센 역으로 와서 도로 강아세 집으로 갔어. 도망갔지. 강아세가 왜 그런 데로 소개를 했냐고 자기 남편을 책하고 그랬어. 그 집에서 쉬다가 다른 호텔에서 일했지.

강아세가 소개해서 두 번째 남편을 만났어. 재일교포 이상희. 그 사람이랑은 4년 살았나. 자동차부속품 회사에 다니는 평범한 사람인데 우울증이 있어. 정신병원에도 좀 있었더구만. 긍께 한국에서 온 여자니까 나를 소개했지. 외롭고 다급하니까 살겠지 해서. 결혼생활이 괜찮았어. 성적 생활은 못해. 안 했어. 왜냐믄 이 사람이 병원에 있을 때 전기고문을 많이 했는갑대? 그래서 말하자면 클라이막스가 있잖아. 그걸 못해. 생전 듣기 싫은 말도 안 해, 돈은 다 나한테 줘버려. 자기 용돈 쓰라고 줘도 안 받을라고 해. 하여튼 사람이 착했어. 계속 따라다니려고 하고. 나 없으면 어디 가지도 않아. 혼자는 죽어도 안 가. 모지랑께. 그냥 부부로 산 거야."

서로 위하고 큰 소리 날 일 없는 무탈한 결혼생활을 하던 어느 날이다. 박순애는 일전에 도망나온 조총련 집에서 봤던 남자를 길에서 우연히 마주쳤다. 다방에서 차를 마시며 어떻게 사

©윤유성

날 알아주는 사람이 있는 그곳에 가고 싶다

는지 이런저런 이야기를 나눴고 자연스럽게 지금 가와사키에서 이상희 씨랑 결혼해서 산다고 말했다. 그리고 얼마 후, 그 남자는 박순애의 뒤를 밟아 거처를 알아내고 불법체류자로 입국관리청에 신고했다. "지그 말 안 듣고 내가 도망갔다 해갖고 앙심 먹고 신고한 거다."

1977년 7월 29일, 박순애는 불법체류자로 체포돼 요코하마 수용소에 잡혀갔다. 남편 이상희는 매일 면회를 왔다. 회사도 안 가고 찾아왔다. 한국에 가지 말라고 붙잡았다. 자기 형이 재판이라도 한다고 하니까 제발 가지 말라고 애원했다. 그런데 박순애는 한국에 가고 싶었다. 마음이 "방정맞아갖고" 여기를 떠나고 싶었다. 조카도 보고 싶고 마냥 한국이 그리웠다.

"일본에서 백 살 먹은 할머니한테 신수를 봤거든. 그때 금년에 원행을 하면 안 된다고 했어. 그 말을 깜빡 잊어버리곤 한국을 왔네. 너무 후회돼. 입국관리청에서 조사를 받을 때 남편이 보통 사람하고 틀려서 좀 모자라다. 그 사람은 내가 있어야 합니다. 내가 없으면 아주 그 사람 안 됩니다. 그러니까 나를 일본에 있게 해주세요, 부탁을 했으면 일본에 체류할 수 있었거든. 입국관리청에서 죽어도 나 한국에 안 나갈란다고 그러면 안 내보낸다고. 그런데 조카들 보고 싶고 한국이 그리워서 온다고 그랬지. 외국인 수용소에서 재판받으려면 시간이 오래 걸린다고 하고, 입국관리청 직원도 잠시 한국에 갔다가 이상희와 다시 결혼하는 걸로 일본으로 돌아오라고 조언해주니까 한국에 왔어."

나를 왜 간첩으로 만드려는가 몰랐지

　　김포공항에서 그를 맞이한 건 중앙정보부 사람이었다. '불법체류자들은 3일간 가볍게 조사한다'며 중앙정보부로 데려갔다. 간단한 조사라는 말에 박순애는 일본에서 있었던 일을 그대로 말했다. 결혼한 이야기를 하고 취직을 하러 간 집이 조총련 집이더라고 하니까 수사관의 태도가 돌변했다.

　　"갑자기 '벽을 보고 서라' '손을 들고 서 있어라' 그러더니 엉덩이를 각목으로 때려. 이북에 갔다 왔다고 인정하라고 해서 갔다 온 적이 없다고 하면 또 때려. 이북에 안 가고는 니가 그 조총련 집에서 나올 수가 없다고 그러면서 때리고. 얼마나 몽둥이로 팼는지 엉덩이가 가지 색깔이여. 내가 두드려 맞는 거보다 안 간 거 갔다고 하는 게 나을랑가 생각하고 있는데 지들끼리 '지하실 준비됐어?' 그런 말이 들려. 비행기 태우고 의자에 앉히고 전기고문하면 사람이 병신된다는디. 내가 그래갖고 할 수 없이 이북에 갔다고 했다니까.

　　그때부터 엉터리 소설을 쓰는 거야. '1972년 11월부터 1973년 1월 사이 조총련에 포섭돼 북한 다녀와 지령을 수행했다.' 난 그때 프로리다 호텔에 근무하고 있었잖아. 조사관이 이북에서 무슨 반찬 먹었냐고 물어봐. 내가 갔어야 알지. 하는 수 없이 아는 거를 말했어. 이북에 명태 많단 소리를 들었다. 그러면 그것들이 명태 먹었다고 쓰고. 나 조사하는 책상 밑에다 두꺼운 책을 놓고 어떻게 쓰라고 가르쳐줘. 이북에 무슨 나물이 난다고 다 불러줘. 그대로 받아쓰는 거야. 재판할 때도 정보부 직원이 뒤에 앉아 있었어. 정보부 직원한테 판사도 꼼짝 못했어. 정보부가 그렇게 기가 셌어. 나를 고문하고 달래고 얼르고 협박하고 막 그러잖아. 내가 조사받을 때 그 방을 뺑뺑 돌면서 도망을 댕기면서 막 그랬어. '일본에서 살 때 당신들 신사적인 수사관이라고 들었는데 이게 아주 개망나니구만. 이렇게 비신사인 줄 몰랐네.' 내가 일본서 7년이나 있어서 그 시대를 아무것도 몰랐어."

칠십년대는 공포였고
팔십년대는 치욕이었다.

— 최승자 시 〈세기말〉 중

그 시대. 박순애가 일본에 머물던 1970년부터 1977년은 유신독재 시대와 겹친다. 1973년 정치인 김대중이 일본에서 망명 중 납치되는 사건이 발생했을 때 교포 사회에서 김대중 석방 운동이 벌어졌다. 그때 박순애는 주저 없이 서명에 참가했다. 정치적 소신이 있어서가 아니다. "서명을 받으러 온 사람들이 긴 트렌치코트를 입었는데 그 모습이 너무 지적이고 근사해"서다. 한눈에 반했다. 그러나 이 못 말리는 낭만주의자의 고국은 꽁꽁 얼어붙었다. 1970년대는 겨울공화국. 비상계엄령이 내려지고 유신헌법이 선포되고, 인민혁명당 사건이 조작되고 다음 날 사형이 집행됐다. 반공이데올로기가 대기를 뒤덮은 삼엄한 시절을 박순애는 옥중생활에서야 실감했다. 교도소 옆방의 여학생은 인혁당 사건 때 애인이 사형을 당했다.

"처음에 형을 살면서도 왜 내가 보안법 위반으로 살아야 하나 그걸 몰랐네. 중앙정보부 직원들이 나를 왜 이렇게 보안법으로 만들라고 그러는가 잘 몰랐어. 왜 이러는지. 일본에 갈 때 항공법은 있었어도 국가보안법은 없었거든. 국가보안법, 보안법 해싸. 그래서 그게 뭔데 저러는가. 나를 왜 이렇게 간첩으로 만들려고 하는가 그랬어. 근데 광주교도소에서 징역을 사는데 5·18이 나서 막 학생들이 많이 들어오데? 대학생들이 와서 한 방에 있응께 애기를 해줘. 이화여대생 걔가 하는 말이, 간첩만 잡았다 하면 할머니들이라고 하더니 와보니까 이 할머니들이라고. 어찌 간첩이 이렇게 나이가 많은 사람만 잡힌다냐 했더니 간첩이 다 억울한 할머니들이다 그거여."

박순애는 자신과 같은 처지의 '억울한 할머니들', 그러니까 왜 잡혀왔는지도 모르고 온 사람들을 만났다.

"시누이 남편이 일본에 왔다 갔다고 감옥에 들어온 할머니가 있어. 시누 남편이 왔다 갔는데 그 시누이는 안 들어오고 이 할머니가 들어왔더라고. 3년형 받았어. 억울한 사람만 맨 억울하지. 이 할머니가 고전무용 선생이라 우리 노는 시간 되면 방 식구들 다 서서 고전무용을 배워. 교도관이 지나가면서 '아따, 보안법 잘한다'(웃음) 그러고 가. 정치범들이 춤추고 노래한다고. 고전무용을 그렇게 잘해. 장구도 잘 치고. 정금난이도 노래 잘하고, 이순자도 '눈이 내리네~ 눈이 내리네~' 하는 노래를 아주 잘 부르고. 정금난이는 집에서 영치금을 많이 넣어줬거든. 그러니까 수박을 막 서른 덩이씩 사가지고 다 나눠줘. 나는 아무도 면회를 안 오니까 나를 꼭 줘. 꼭 챙겨. 또 떡국도 나한테 권해주고. 광주교도소 살 때 보안법은 1년에 한 번씩 가족이 음식을 바리바리 만들어와. 강당에다가 책상을 놓고 하얀 거 깔고 점심 먹으면서 손도 잡고 안기도 하고 그런 혜택을 보안법한테만 줘. 나는 아무도 안 온게 면회를 온 사람이 나를 데꼬 나가. 딴 가족한테 가서 내가 먹는 거야. 12년 동안 면회를 한 번도 안 왔어. 내가 일본에서 오빠들한테 선물과 편지를 보낸 게 화근이지. 중앙정보부에서 그걸 다 꼬투리 잡았대. 오빠들도 남산에 끌려가서 고문을 받고 많이 맞았다고 하더라고."

가족마저 등 돌리게 하는 국가보안법. 그러나 때로는 사람보다 책과 장소가 위안이 되는 법이다. 왕년의 문학소녀는 교도소에서 다시 책과 재회했다. 책을 버팀목 삼아 날마다 돌아오는 하루를 견뎠고 책을 타고 머나먼 타인에게 건너갔다.

"내 별명이 책 할머니야. 유명했어. 책 담당하는 일. 책 목록이 있어. 그걸 각 방에 넣어줘. 내가 가면 나한테 뭔 책 읽는다고 말하면 책을 줘. 나중에 회수하고 몇 번이 뭔 책 가져갔다 적어놓고. 독방에 있는 사람하고도 나는 말을 할 수 있어. 책을 주고받으니까. 점호가 끝나고 밥 먹고 나면 나가. 밖에서 책을 정리하고 저녁밥 먹을 때 들어오는 거야. 그렇게 댕기니까 내가 교도소에서 중간 역할 많이 했지. 책 덕분에 사람들을 많이 알고 친해져.

한번씩 연회 발표하잖아. 여사에서 합창대를 뽑아서 합창을 해. 내가 지휘를 맡았어. 아 근디 한번도 연습도 안 하고 갔네. 피아노, 노래, 지휘대로 각각 놀아버리네.(웃음) 그거 참가하면 밀가루 한 포대 두 포대 주거든. 그걸로 여사에서 죽 쒀 먹고 지내.

또 직원 식당에 가면 파가 한 트럭 와. 그걸 여자들이 나와서 다듬거든. 다듬고 나서 그때부터가 사고여. 내가 교도관을 유도를 해. 교도관님 꼭 상의할 일이 있는데요, 그리고 저리 데리고 가. 그럼 절도로 들어온 여자들이 파를 가져가. 내가 교도관을 유도를 해서 30분 정도 이야기하고 시간 끌고 있어. 걔들 도둑질하라고.(웃음) 내가 이렇게 힐끔 보면서 얘기를 해. 막 가져가다가 교도관 눈에 띄어. 그럼 교도관이 뒤지네. 방에 와서 변소까지 뒤지고. 저녁에 점검이 끝나면 사람 대가리 수를 세거든. 세고 나면 방 안에서 유리창으로 망보고 방에서 파를 썰어서, 고춧가루 양념은 팔아서 10개고 20개고 살 수 있어. 그 고춧가루를 버무려서 파지를 담가서 먹거든. 재밌어. 그 이튿날 아침에 세수 시간에 또 교도관이 나와서 둘이 왔다 갔다 하는데 한 사람이 유인을 해. 그때 파지를 비닐에 담고 플라스틱에 넣어서 뒤에다 묻어요. 벽 위에 십자가를 그려놔. 표시 나라고. 그게 익으면 그걸 먹어. 교도소에서 오는 반찬보다 낫지. 배추도 한 차 오거든. 그럼 배추를 훔쳐서 배추김치를 담아. 아이고, 웃겨 웃겨."

박순애는 사서도 하고 지휘도 하고 망보기 담당도 하고 그리고 물 담당도 했다. 세수할 때 두 대야, 목욕할 때 다섯 대야, 빨래할 때 다섯 대야 죄수들에게 물 떠주는 일을 맡았다. 그 일을 하는 사람은 물을 자유롭게 쓰는 혜택이 주어졌다. 박순애는 물을 마음껏 쓰면서 목욕도 청결히 빨래도 깨끗이 할 수 있었다. 물사용권은 정갈한 몸 상태를 보장하는 품위 유지 차원에서 중요한 특권이었다. 그는 말한다. "내가 교도소에서 좀 편하게 살았어."

선량한 사람 운명을 뒤바꿔놓은 나라를 원망했네

1989년 성탄절 이브 전날, 알록달록 색전구가 거리를 밝히는 세밑 풍경에 박순애는 저 홀로 덩그마니 놓였다. 감옥을 나왔지만 생두부를 들고 기다리는 가족도, 가족을 찾아갈 집도 없었다. 이 황막한 존재 조건은 누가 만든 것일까. 여자로 태어났고 한반도가 남북으로 갈렸고 간첩으로 몰렸고 집도 절도 없는 무연고 독거노인이 되었다. 그가 원한 적 없고 만든 적 없는 것들에 떠밀려 여기까지 흘러왔다. 불쑥불쑥 목울대를 넘는 '왜 내가 여기에' 라는 질문을 그는 눈물로 삼켰다.

급한 대로 몸 붙일 곳을 찾았다. 우선 불로동 불로여인숙에서 달세방을 얻었다. 달세를 마련하기 위해 고급비누 외판원을 시작했다. 인맥이라고 해야 교도소에 있을 때 아는 사람이 전부다. 그들에게 팔러 다녔다. 쉽지 않았다. 해본 사람이 하지 장사는 아무나 하는 게 아니었다. 달세 6개월 치를 밀렸다. 직업소개소에 찾아갔다. 60평 고급 아파트에 파출부로 나갔다. 6개월 동안 매일 세 시간밖에 못 자고 일했더니 혈압이 와서 쓰러졌다. 그때 동사무소 직원에게 영구임대아파트를 소개받았다. 120만 원 보증금은 교도소 있을 때 알았던 여사 부장의 남편에게 융통했다. 그 돈으로 15만 원짜리 장롱을 사고, 갖가지 세간을 장만해 1992년 10월 30일에 이사했다.

"여기 산 지 24년 됐어. 한 군데서 제일 오래 산 게 여기야. 왜냐믄 갈 데가 없으니까. 영세민이라고 해도 쌀이 10킬로밖에 안 나와. 관리비랑 임대료를 다달이 낼 길이 없어서 서울로 파출부를 6개월 동안 가 있었어. 두 달에 한 번 와서 관리비 물고 올라가고. 김대중이 대통령 되면서 한 달에 30만 원 나오면서 그거 받고는 파출부 안 갔네. 그때부터 내가 놀았지.

근데 어디를 가든 따라다녀. 보안관찰 때문에. 초상집에 가도 따라다니고 항상 달라붙어. 오 형사하고 양 형사 둘이 따라다니는데, 그렇게 따라다녀도 밥값 한번 안 내. 아주 드러워. 그 형사가 나한테 이 동네에서 누구랑 제일 친하냐고 물어봐. 401호랑 제일 친해요, 그랬더니 그 여자가 나 어디만 갔다 오면 다 보고해. 심어놓은 거지."

2001년 보안관찰이 해제되자마자 박순애는 일본에 갔다. 교도소에 있을 때 형기를 10년 채우면 외부로 편지를 보낼 수 있었다. 일본에 있는 친구 강아세에게 제일 먼저 편지를 했고 답장이 왔다. "아주 만리장성으로" 왜 당신이 징역살이를 해야 되냐고, 왜 당신이 법에 걸리는 그런 일을 할 리가 없는데 왜 하냐고 써 있었다. 출소하자마자 강아세가 신라호텔로 찾아와서 만났다. 나중에 부산에서 한 번 더 만나고. 그러고서 10년 전 강아세는 간암으로 죽었다.

"언제나 슬프지, 슬퍼. 생각은 생각을 불러. 일본에 가서 강아세 묘지에 갔지. 이상희도 죽고 지그 형도 죽고 다 죽고 없어. 남편이, 그 모지라고 불쌍한 사람이 나를 기다리다 기다리다 죽었구나. 그게 그렇게 내 마음이 안 좋아. 아주 서글프고 슬프고 그런디 참 뭐라고 말할 수가 없었어. 나라에 대한 원망, 어떻게 원망이 되냐 하면, 선량한 사람을 이렇게 한 사람의 운명을 그냥 뒤바꾸어놓은 것이 됐잖아. 그러니까 너무 나라를 많이 원망했어.

교도소에서는 이상희 씨 생각, 진짜 많이 해. 맨날 나를 기다리다가 살다가 죽었구나. 긍께 내 말은 나라가 생사람을 이별시킨 거야. 이별시켜. 지금까지 사는 거는 울기도 많이 울었네. 셋째오빠가 돌아갔을 때도 고관절 때문에 다리가 아파서 가지도 못했어. 몇 번 만났어. 나 교도소에서 나와서 오빠가 또 한 번 오기도 하고. 아이고 참말로. 너무 나라를 원망했네. 내가 진짜 일본서 나온 거를 얼마나 후회했는지 몰라. 내가 멍청아, 멍청아 내가 입국관리청에서 그 모자란 남편을 내가 델꼬 있어야 해요. 좀 있게 해주세요, 했으면 내가 안 나왔는디. 안 나왔으면 이렇게 안 됐을 것인디."

동네 친구 하나, 양딸 하나

박순애가 출소했을 때 그의 원 가족은 남아 있지 않았다. 7남매가 이미 다 돌아가시고 셋째오빠 한 명만 살아 있었다. 지금은 그 오빠마저 없다. 서울에 큰오빠 자식 다섯이 사는데 연락이 닿진 않는다. 재심 신청하고 일본에 갈 여비가 필요해 큰조카에게 연락을 한 적이 있다. 회사에 전화하면 '1번을 누르시오' 기계음 목소리만 반복됐다. 아니면 비서가 받았다. 광주에 있는 고모한테 전화 왔다고 전해달라고 말해도 감감무소식. 방 안에 놓인 빨간색 전화기는 좀처럼 벨이 울리지 않는다며 그는 말한다.

날 알아주는 사람이 있는 그곳에 가고 싶다

"전화 어디서도 안 와. 언제나 그대로여." 내가 보안법으로 살고 나와가지고 다 나를 간첩으로 봐. 말들은 안 해도 속으로는 지들끼리는 막 수군수군 할 게 아닌가. 아이구, 감옥에 있

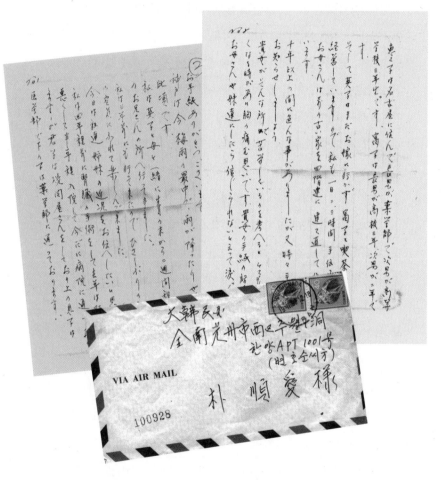

재일교포 강아세에게 온 편지. 강아세는 1971년부터 2000년 간암으로 죽기 전까지 박순애를 물심양면으로 챙겨준 또 다른 가족이었다.

을 때도 한 방에 열두 명쯤 자나? 할머니 사건 얘기 좀 해주세요 그래. 내 잠을 안 자고 밤새 실컷 얘기하고 나면 지그끼리 뭐래는 줄 알아? '뭐가 있응께 들어왔겠지' '한국 법이 다 뭐가 있으니까 들어왔을 거야' 그렇게 수군거려. 말해봤자 아무 소용없어. 그래서 나는 여기 아파트에서도 사람을 상대 안 했어. 아무도 안 해. 근데 앞 동에 나보다 네 살 아래 할머니가 있어. 친구된 지 10년 됐어. 처음엔 치매가 아니었는데 갑자기 치매가 왔어. 그래서 내가 상대해. 불쌍항께. 그 할멈이 맨날 나를 불러. 내가 갔다 와도 오늘 왜 안 오냐고 그러고. 금방 잊어버리니까 안 오냐고 그래. 그 할멈이 딸이 둘 있는데 딸들이 엄마한테 안 오고 잘 못해. 그러니까 나만 찾아."

　　박순애에게도 딸이 있다. 잠자는 빨간 전화기를 울려주고 차가운 현관문을 두드리는, 그를 자주 들여다보는 또 한 사람의 귀한 인연. 수양딸 삼은 이웃이다.

　　"내가 곤란하고 아무도 없으니까 딸 삼은 거야. 일흔 살에 뇌경색으로 입원했을 때 목사님이 한 사람을 같이 데리고 왔어. 그이가 내 사정을 들어보니 딱하거든 불쌍하고. 그래서 병문안도 오고 하다가 내가 옆 사람한테 벙어리 딸이라도 하나 있었으면 좋겠다고 그렇게 말하는 걸 들었는가봐. 퇴원하고 집에 있을 때, 어버이날 찾아왔어. 속옷이랑 카네이션 사가지고 쪽지에다가 '나를 어머니 딸같이 생각하세요' 써서 갖고 왔어. 그때부터 딸이라고 의지하고 살아. 그 딸이 나한테 칼라 텔레비전도 사주고. 딸이 오면 내가 조기 구워 밥도 해주고. 딸이 나 고관절 수술했을 때 병원에서 퇴원 수속 다 밟아주고. 이 사건 무죄 증명 밝히려고 증인 만나는 거 때문에 내가 일본 갔잖아. 네 번이나 갔어. 비행기 타고 가야 하는데 그 돈이 어딨어. 양딸이 남편 몰래 대줬어. 나라에서 돈 나오면 갚아야 해."

박순애의 무죄가 밝혀진 것은 간첩으로 잡혀간 지 45년 만이다. 2006년 진실화해위원회에 재심을 신청했을 때 남들은 바위에 계란 치기라고 말했지만 도전했다. 억울함을 푼다 싶으니까 기쁘고 희망이 생겼다. 강아세 동생 기미꼬가 증인을 서서 무죄 입증에 결정적인 도움을 주었다. 박순애가 입북했다는 기간 동안 일본에 있었고 강아세 가족 신년 모임(1973.1.1.)에도 간 적이 있다는 사실을 서울에 와서 증언해주었다. 2015년 11월 6일 최종 무죄판결이 났다.

"묵묵히 참다보면 진실은 오고야 만다. 절대, 진실은, 언제고, 진실이 이긴다는 거. 그걸 나 깨달았네. 일본에 사는 친구들이 한국은 참 이상한 나라라고. 마쓰오까 상(박순애의 일본 이름)이 이북에 안 간 걸 우리가 아는데 왜 죄인으로 만들었냐, 한국은 이상한 나라라고 그러더라고. 난 속으로 우리나라는 나를 무죄로 안 만들 거라고 생각했거든. 근데 대법원이 역시 틀려. 나를 37일 감금시키고 정보부가 죄를 만들어버렸잖아. 근데 그게 아니라는 거, 진실을 절대 밝혀준 거야."

그는 다시 젊을 때로 돌아가고 이런 일도 안 겪는다면 뭔가 한 가지 일을 죽을 때까지 하다가 죽는 사람이 되고 싶다.

평범한 가정생활 하고 싶어. 애기 둘 키우면서 살고 싶어. 〈나는 자연인이다〉라는 티비 프로그램이 있어. 서울대 나온 남자인데 산속에서 살더라고. 그 장면을 보는데 부럽대. 이 세상 모든 걸 놔버렸어. 명예도 돈도 놓아버리고, 근데 자기 엄마만큼은 모시고 살더라고. 그 할머니가 부럽더라고. 근데 내가 결점이 있어. 끝까지 못해. 취직을 해도 의지가 강하지 못해. 학교 다닐 때도 숙제가 있으면 하다가 자버리지 끝까지 하질 않애. 책상보 수예는 하다가 헝겊을 장롱 구석에 처박아놔. 언니가 대신 해주고 그랬어. 인내심이 없어. 그런 사람이 공산주의를 하겠어?(웃음) 정보부에서 날 공산주의로 몰 때 내 속으로 '이 사람들아, 나는 공산주의를 못한다. 그렇게 강하게 훈련을 받고 하는 공산주의를 내가 어떻게 하겠어' 이랬다니까.

내 장점도 있지. 이해심이 많고 인정이 많고. 남을 맨날 줄라고 하고. 있으면 퍼줘. 이 세상에 살아보니까 마음을 정직하게 먹고 남을 해치지 않고 그렇게 살면 나도 편하고 주위 사람도 편하고. 또 공부라는 것은 어느 곳에 사나 유용하게 쓰이더구만 암암리에. 공부라는 걸 꼭 해야만 되겠다는 걸 인생을 살면서 느꼈어. 교도관들도 나를 알아주더라고. 보안법은 보통 재소자들하고 틀려. 인격적으로 대해줘."

광주교도소에서 그는 일본어 번역을 도맡았다. 일본에서

편지가 오면 교도관들이 그에게 찾아와 번역을 부탁했고 그러면 반듯한 글씨로 한국어로 옮겨주었다. 일제강점기에 태어나 일본어로 공부했고 또 일본에서 살다온 경험, 문학적 소양까지 갖춘 덕분에 그의 일본어 실력은 수준급이다. 그는 지금도 채널을 고정시켜놓고 일본 방송을 주로 본다.

"다큐멘터리랑 영화만 봐. 뭐 탐정 시리즈도 보고, 온천 여행하는 것도 있고. 그거 보고 있으면 꼭 일본에 간 거 같고 일본에 사는 거 같고 그래. 일본에서 못 보던 거 여기서 다 보네. 새벽 5시까지 보고 자면 오전 12시에 일어나. 한국 거는 최불암이 하는 〈한국인의 밥상〉 그걸 본 적이 있어. 최불암이 똑똑해. 백과사전이야. 아주 모르는 게 없어. 봐서 유익한 거만 봐. 〈부부클리닉〉인가? 그런 거 안 봐. 한 번 봤는데 으유 유치해. 난 유익한 게 좋아.

내가 나이가 젊으면 60살만 됐어도 갈 텐데. 일본은 남한테 간섭을 안 해. 내가 일본에 살며 느낀 것은, 내가 돈을 얼마나 잘 써? 그래도 내 호주머니에 언제나 돈이 있었어. 한국에서는 돈이 똑 떨어져. 그때는 한국에 비해서 일본이 돈이 풍부한 나라였어. 사기꾼이 없고 도둑놈이 없고. 2001년에 일본에서 보름 지냈어. 그 사람들이 잘 먹이고 나한테 참 잘해줘. 억울하겠다고 하고 마쓰오까 상은 그런 사람이 아니라고 하고 나를 믿어주고 잘해주는 사람들이 있으니까 일본 가고 싶당께. 근데 이제 틀렸어. 내일 모레 죽어야 하는디."

박순애의 생활비는 월 40만 원. 두 달에 한 번 쌀 20킬로 그램이 2만 원만 내면 나온다. 찹쌀 섞어서 먹으니까 3개월 먹고, 쌀이 남으면 2만 원에 되판다. 난방비가 많이 나오는 겨울철 기준 관리비는 최대 17만 원을 낸다. 나머지로 반찬거리 사는 게 전부다. 치매에 좋은 음식이라고 해서 오렌지 하나 사 먹고, 계란 노른자나 단호박을 삶아 먹는다. 식후마다 약 챙겨 먹고 그리고 리모컨으로 티비를 켜고 일본 방송을 본다. 양딸이 찾아와 누르는 벨소리도 들리지 않을 만큼 소리를 키워놓고 귀 기울인다. 나를 알아주고 잘해주고 이해해주는 사람들이 있던 그 세상으로 들어간다.

1978. 7. 28. 서울고등법원 국가보안법 위반 등으로 징역 15년, 자격정지 15년 선고
2010. 10. 22. 서울고등법원 재심 신청
2012. 7. 3. 재심 1차 공판
      7. 19. 선고, 재심 기각(패소)
      7. 25. 박순애 변호인 대법원에 상고
2015. 3. 10. 일본에서 함께 일했던 직장 동료 진술서 제출
      9. 10. 대법원 무죄 취지 파기환송 결정
2016. 6. 9. 대법원 무죄 확정

날 알아주는 사람이 있는 그곳에 가고 싶다

배운 사람들
하는 짓 보고

못 배운 걸
한탄하지 않았다

김흥수

세상은 부조리로 차 있지만
사랑이 그것으로부터 우리를 구원한다.

- 알베르 카뮈

두 사람은 60년 산 부부다. 남자가 스무 살, 여자가 열여덟 살 봄에 만났다. 인천의 섬 덕적도 이 끝에서 저 끝으로 10리 길 오가다 가을에 식을 올렸다. 남자는 조기잡이 선원으로 배를 탔으며 여자는 시부모를 모시고 9남매를 길렀다. 오순도순 섬에서 살아가던 그들에게 예기치 않은 풍랑이 몰아쳤다. 남자가 뱃일을 나갔다가 북한 경비정에 의해 강제로 북한에 끌려갔다 온 적이 있다. 1960년대 어촌에서는 더러 그랬다. 당시 간단한 조사만 받고 풀려난 14년 전 일이, 고문 기술자 이근안을 만나 대대적인 공안사건으로 발표됐다. 남자는 죽기 직전까지 갔던 고문을 끝내고 내보내준다는 말에, 여자는 여기에 사인해야 남편이 나온다는 말에 이근안이 내미는 '조작된 자술서'에 지장을 찍었다. 남자와 여자는 한글을 모른다. 그래도 고기 잡고 자식 키우고 사는 데 아무 지장이 없었는데 이렇게 당했다. 변호사, 검사, 판사는 하나같이 귀를 닫았다. 남자는 배운 사람들이 하는 것을 보고 "내가 못 배워서 당했다"고는 생각하지 않았다. 못 배운 걸 한탄하지 않았다. 여자는 아니다. 가슴이 타들어갔다. 자식만은 내가 죽더라도 고등학교까지 가르쳐야 한다는 일념으로 갈치 '다라이' 머리에 이고 조기 한 두름 옆구리에 끼고 인천 바닥을 헤맸다. 365일 하도 무거운 걸 이고 다녀서 정수리에 머리가 빠졌다. 남자가 없는 12년 동안, 악착같이 돈을 모아 자식들 공부시키고 땅을 사서 작은 집도 마련했다. 남자는 자신이 돌아올 삶의 자리를 지켜준 여자에게 너무도 고맙다. 여자는 자신을 "금같이 아는" 남자로 인해 더없이 행복하다. 남자는 고문 후유증으로 다리가 불편하다. 잘 걷지를 못하다보니 여행을 엄두도 못 냈는데 묘안이 떠올랐다. 육지보다 바다에서 자유로운 선장 출신 남자는, 죽기 전에 큰 배 한 척 빌려서 자신이 모는 배에 여자를 태우고 세계일주를 하고 싶다. 남자는 김홍수, 여자는 오음전이다.

그가 인정할 때까지 물어본 그자가 이근안이었다

1985년 당시 민청련 의장이던 김근태 전 열린우리당 의장을 고문했던 사실이 법정에서 폭로되며 고문 경력이 세상에 알려져 1988년 퇴직과 함께 경찰의 수배를 받았던 이근안 씨가 10여 년간의 도피생활 끝에 자수했습니다.

1999년 10월 28일 김홍수, 오음전 부부는 TV를 보다가 경악했다. 화면 속에서 수갑을 차고 있는 사람은 아는 얼굴이었다. 어느 날 자신을 끌고 가 죽기 직전까지 고문했던 그 사람. 이름을 그날 처음 알았다. 이근안. 그를 처음 본 건 22년 전이다. 1977년 9월경 김홍수는 덕성8호 선장으로 밤새 고기를 잡아 인천부두로 들어왔다. 그때 낯선 남자들이 오더니 '김홍수가 누구냐' 물었다. 그러고는 이유도 말하지 않고 지프차에 태웠다. 그 차는 주안초등학교 옆을 지나 허허벌판에 있는 한 담장 앞에 섰다. 2미터가 넘는 담장은 사람 키보다 컸다. 가정집 문 같은 대문이 열렸다. 마당은 운동장처럼 컸다. 양옥주택 1층으로 들어갔다. 내부는 사무실 같았다. 책상이 있고 양쪽에 의자가 있고 욕조가 있었다. 어리둥절해 있는데 수사관이 물었다.

"이북에서 지령받고 와서 배를 타고 또 이북 갔다 온 거지?" 그가 아니라고 펄쩍 뛰니까 수사관 두 명이 옷을 벗기고 손을 묶고 욕조 물에 얼굴을 처박았다. 몇 번 물에 넣었다 뺐다

배운 사람들 하는 짓 보고 못 배운 걸 한탄하지 않았다

해서 기절하면 깨워서 수사관이 또 물어봤다. 이북에서 지령받고 와서 배를 타고 또 이북 갔다 온 거지? 계속 그 말만 되풀이했다. 지령받지 않았다, 간첩 안 했다고 말했더니 수사관들이 안 되겠다고 하면서 손발로 때렸다. 다음날도 또 반복했다. "이북에서 지령받았지?" 다시 간첩 한 적이 없다고 대답했다. 수사관들은 더이상 안 되겠다고 여겼는지 그를 지하로 데리고 가더니, 의자에 앉히고 손과 발을 의자에 묶고 양 손가락 끝에 전기선을 연결했다. 옆에 있던 수사관이 신호를 하면 전기시설 앞에 있던 수사관이 스위치를 눌렀다. 전기고문을 했다. 수사관이 세 명 있었는데 두 명은 보조하고 한 명이 물어봤다. "이북에서 지령받고 와서 배를 타고 또 이북 갔다 온 거지?" 그가 인정할 때까지 집요하게 물어본 그가 이근안이었다.

이근안은 1970년 경찰에 발을 들인 이후 줄곧 대공 분야에서 일하면서 독재정권 시절 4건의 '간첩 검거 유공'을 포함, 16차례의 대통령 표창을 받았다. 특히 자백을 받아내는 실력이 뛰어나 당시 경찰 내에서 '이근안이 없으면 대공수사가 안 된다'는 말이 나돌 정도였다고 한다. 그 4건의 간첩 검거의 공로에 김홍수 사건도 끼어 있었다.

고문을 못 이겨 여러 번 까무러치고 다시 정신이 나면 취조하고 부인하면 다시 전기를 돌렸다. 북한에서 지령받은 내용을 써라. 어떻게 기밀 탐지했는지 써라. 그들은 쓰라고 다그쳤다. 그런데 그는 쓸 수가 없었다. 초등학교도 다니다 말아서 글을 잘 알지 못했다. 섬에서 나고 자랐고 어려서부터 고기만 잡았고 글을 몰라도 사는 데 아무런 지장이 없었다. 그런데 그는 이근안 앞에서 글을 모른다고 말하려니까 기분이 이상했다. 그래도 글을 쓰지 못한다고 솔직히 말했다. 그랬더니 말로 자백하라고 했다. 그래서 지령받은 것도 없고 기밀 탐지한 것도 없다고 하니까 또 며칠을 안 재웠다. 전기고문 끝나면 고춧가루 탄 물을 콧구멍에 붓는 물고문을 했다. 그래도 김홍수는 버텼다. 그러자 이근안이 뭘 가져왔다.

"네가 말한 대로 쓴 자술서다. 여기에 지장 찍으면 내보내줄게." 그러더니 말했다. "나가면 나중에 나한테 조기 좋은 걸로 한 상자 보내기나 해." 그는 안도했다. 진짜 내보내주는 줄 알았다. 이근안은 덧붙였다. 위에서 높은 사람이 오니까 우리가 시킨 대로 무조건 네, 네 하면 내보내준다고 신신당부를 했다. 그리고 2~3일 뒤에 높은 사람이라고 누가 찾아왔다. 40대 정도 돼 보이는 사람이었다. 그 사람에게 이근안은 존대를 했다. 검사였다. 그 검사가 이것저것 물었고 그는 이근안이 시키는 대로 무조건 네, 네 대답했다. 내보내준다니까 그 말만 믿었다. 너무 오랫동안 감금돼 있으니까 가족도 보고 싶고, 고문도 무섭고, 하루빨리 조사실을 나가고 싶은 생각밖에 없었다. 검사 조사를 받고 나서 며칠 있다가 민간인 이발소에 가서 머리도 잘랐다. 그때까지도 정말 이제 집에 간다고 그는 생각했다. 그런데 다음 날 차를 타고 간 데가 집이 아니라 인천경찰서였다. 그때 구속

됐다. 그가 취조받던 양옥주택(대공분실) 자리는 그의 집에서 차를 타면 5분도 안 걸리는 동네다. 그렇게 가까운 거리를 오는 데 13년이 걸렸다.

눈물 흘려서 한강수 되고 한숨 쉬어서 동남풍 된다

"눈물을 흘려서 한강수 되고 한숨을 쉬어서 동남풍 된다고. 이근안이 그 작자가 우리한테 한 짓 때문에 너무 많이 울었어요. 생선 팔 때도 울고 생선 판 돈으로 보리나 쌀 사서 집에 들어갈 때도 울고. 집에서는 울지 못하죠. 내가 울면 애들이 타닥타닥 우니까 집에서 울지 못해.

이근안이 키도 크지 않고 뚱뚱해요. 몸도 좋아요. 그 작자가 우리 아바이, 우리 어머니, 나에게 한 생각만 하면 지금도 심장이 벌렁벌렁 뛰어. 나도 우리 아바이처럼 글을 몰라요. 은행에 갈 때도 다른 가족을 데리고 가는데…… 덜컥 도장 찍어준 걸 생각하면.

아바이가 잡혀간 지 열흘쯤 됐나. 그 작자가 집으로 찾아와서 서류 뭉치를 내밀고 '이 서류에 도장 찍으면 3일 안에 남편이 나온다' 그래요. 이 서류가 뭐냐고 물어보니까 변호사를 사는 서류래요. '안심하고 찍어라, 그러면 남편이 3일 안에 온다.' 또 그러는 거예요. 저랑 시어머니는 그 말만 믿고 덜컥 찍었죠.

그게 왜 그러냐면, 우리 아바이가 인천경찰서에 잡혀갔다는 말을 선주한테 듣고 아바이를 만나려고 사방팔방 노력했어요. 근데 면회를 요청해도 안 된다고만 하고 만날 길이 없어. 애가 타는데 그러던 차에 경찰서에서 사람이 와서 내보내준다니까 의심을 안 하지. 정말 꿈에도 몰랐어요. 나중에 재판할 때 보니까 그 서류가 아바이가 간첩을 만났다는 내용이었어요. 우리 아바이가 간첩이라고 내가 증인을 섰대요. 그 사실을 알자마자 시어머니랑 저는 그 자리에서 기절했어요. 정신을 차리고 어머니랑 둘이 대공분실로 찾아갔죠. 거기서 돌을 던지면서 수사관들 나오라고 악을 썼어요. 몇 명이 나오더니 자기들은 아무 잘못이 없다는 거예요. 그 말을 듣고 시어머니가 옷을 찢어 목에 두르고 끈을 조여 죽겠다고 아들 살려내라고 소리 지르고 피 토하고 쓰러졌어요."

두 차례 강제 납북, 그리고 14년 후

김홍수는 섬사람이다. 황해도 옹진군 봉구면 평양리 육도에서 5남매의 장남으로 태어났다. 80가구가 사는 조그만 섬이었다. 육도소학교를 6학년까지 다니다 말았다. 가방 메고 학교 다니고 애들하고 돌치기하고 조개 낚시질하고 놀았다. 열한 살에 한국전쟁이 났다. 배 타고 인천으로 피난 가다가 밀리고 밀

배운 사람들 하는 짓 보고 못 배운 걸 한탄하지 않았다

려 충남 대천 근방 효자도까지 가족이 배를 타고 내려갔다. 1년 살다가 덕적도에 자리를 잡았다. 덕적도에 와서는 줄곧 배를 탔다. 풍선(風船)을 타다가 기계배가 생기면서 조기잡이 선원으로 일했다. 스무 살 되던 해 같은 섬에 사는 열여덟 살 오음전 씨를 소개받아 결혼했다. 부모님과 아내, 그리고 자식들을 위해 밤낮 없이 일했다. 술 담배는 입에도 안 대는, 뱃일과 가족만 아는 소문난 가장이었다.

1959년 4월 29일. 그날도 그는 컴컴한 바다 위에 있었다. 조기를 잡으려고 그물 한 틀을 놓고 한 시간 정도 있는데 북한 경비정 한 척이 다가왔다. 어망을 건지라고 위협했다. 조기 15 동(1동에 1천 마리) 정도를 잡은 상태에서 곧장 끌려갔다. 가서 보니 남쪽 어선이 29척이고 덕적 배가 4척 있었다. 서로 다 아는 배였다. 큰일이 없을 거라고 생각했다. "우리만 간 게 아니니까." 그 배를 북한 경비정 1척이 다 끌고 해주로 올라갔다. 해주에서 하루 묵으면서 이발하고 열차 타고 평양으로 갔다. 모란봉 앞 광장에서 5·1절(노동절) 행사를 봤다. 거기에 모인 선원만 해도 280명. 그와 같은 배에서 납북된 사람은 여덟 명이었다. 평양 제1여관에 있으면서 신상 조사를 받고 집단 교육을 받고 공장도 가고 일주일 만에 돌아왔다. 그곳에서 폭행은 없었고 식사도 제법 잘 나왔다.

덕적에 돌아왔을 때, 그는 선원이라 조사도 받지 않았다. 선장(김유흔 사망)만 덕적 지서에 가서 간단한 조사를 받고 나왔다. 다른 덕적도 배들도 선장만 조사를 받았다. 나올 때 북한에서 조기를 잡아도 좋다고 해서 그가 탄 배는 100동을 잡아서 나왔다. 다른 배들은 별로 고기를 못 잡았는데 그의 선장이 약아서 밤에 살짝 나와 다른 남한 배들 사이로 들어가 잡았다. 다른 배들은 남한 해군 배한테 걸려서 죽도록 맞았다고 했다. 북한에 들어갔다 나온 것도 화가 나 죽겠는데 반성은 못할망정 고기까지 잡아왔다고. 그리고 아무 일 없던 듯이 그는 전처럼 덕적도에서 배를 탔다. 뱃일을 해서 가족 먹고살았으니까 놀지도 못하고 일을 해야 했다.

그리고 1963년 6월, 두 번째로 납북됐다. 당시 연평도 부근에서 이미 조기 300여 상자를 잡은 상태였다. 선장이 더 잡자고 했는데 선원 모두가 반대했다. 그런데도 당시 선장이 무리하게 북쪽으로 이동해서 조기를 잡다가 결국 납북됐다. 처음 납북됐을 때와 상황은 비슷했다. 해주에서 이발을 하고 조사받고 평양에서 지내면서 교육을 받고 산업 시찰을 다니다가 열흘 만에 나왔다. 그가 두 번이나 북한에 들어왔기 때문에 남한에 가면 끌려가서 매 맞아 죽는다고 북한 사람들에게 이야기했더니 웃으면서 그래도 내보내준다고 했다. 아무튼 그는 돌아오자마자 인천경찰서에서 2~3일 정도 조사를 받았다. 한 번 납북된 사람들은 석방했고, 그같이 두 번 납북된 사람들은 20일 정도 인천교도소에 있다가 나왔다. 경찰들이 북한에 두 번씩 들어갔다며 마구 때렸다. 손발로 뺨도 맞고 주먹으로 머리와 가슴을 맞

배운 사람들 하는 짓 보고 못 배운 걸 한탄하지 않았다

았다. 북한에서 받아왔던 양복기지랑 술 같은 것도 다 뺏겼다. 검사 취조는 없었다. 20일 만에 풀려나서 덕적에 들어와서 다시 뱃일을 했다.

간첩을 만들어 출세하는 사람들

김흥수는 선장이 됐다. 10년 정도 착실하게 일한 덕분이다. 돈을 모아 자기 배를 사는 게 제일 큰 꿈이었다. 때 되면 배타고 나가 고기 잡고, 육지에 있을 땐 가끔 인천에 나가 바람도 쐬며 하루하루 큰 걱정 없이 살았다. 그러다가 매제의 말 한마디로 사달이 났다.

"매제가 나랑 같이 7년 정도 배를 탔어요. 근데 좀 심했어요. 술을 좋아해서 돈만 생겼다 하면 술 마시고 다 써버려요. 그날도 서해 바다에 가서 갈치 잡고 목포항에 들어갔어요. 목포 수협에 갈치를 넘기고 나니까 매제가 돈을 달래요. 돈을 주면 또 다 쓰니까 일이 끝나면 한꺼번에 주겠다고 했죠. 매제가 계속 달라고 해도 내가 안 주니까 갑자기 큰 소리로 '너는 내 말 한마디면 죽어! 넌 이북에 갔다 왔잖아' 그랬어요. 그 말을 듣고 다른 선원이 목포 보안대에 나를 신고했어요. 간단히 조사받았죠. 이북에 갔다 온 건 맞지만 이미 조사받았고 간첩 행위 없다고 기록에 되어 있으니까 걱정 안 했죠. 그래도 혹시 모르니까 선주가 보안대에 돈을 얼마 줘서 저를 빼냈어요."

이 사실을 이근안이 낚아챘다. 가족들하고 인천 연안부두 어시장에서 회를 시켜 먹다가 옆 테이블에서 "내 말 한마디면 당신 운명은 끝이야. 목포 보안대에 끌려간 것을 선주가 30만 원 먹이고 풀려나왔지만 언제 죽어도 죽을 거야"라는 말을 들은 것이다. 그 길로 뒤를 밟아 신원을 알아내고 목포까지 출장 가서 김홍수가 두 번 납북되었다가 귀환한 사실을 알아냈다. 그리고 간첩사건을 만들었다.

"납북 이후 10년 넘게 제가 간첩 행위를 한 걸로 돼 있었어요. 어떻게 그렇게 꾸며대는지. 내가 고기 잡는 틈틈이 선원들에게 이북은 실업자나 거지가 없어 살기 좋은 곳이다, 병원비나 학비가 무료다, 그렇게 북한을 찬양했다고 하는데 기가 막혔죠. 고기 잡을 때 얼마나 바쁘고 힘든데 그런 얘기를 할 수 있다고 생각하는지 모르겠어요. 끝나면 고단해서 쉬기 바쁘거든요. 내가 왜 알지도 못하는 얘기를 한다는 건지. 또 제가 북한에서 온 공작연구원을 만났고 우리 집으로 공작원이 찾아왔고 보고했다고 해요."

나중에 재판 과정에서 보니까 두 번째 납북된 게 그가 선장과 선원을 설득해서 간 것으로 조작돼 있었다. 고기잡이배가 뭔지, 선장과 선원의 관계가 뭔지 조금이라도 아는 사람이라면 그렇게 말할 수 없다. 조업 위치를 결정하는 사람은 선장이나 선주뿐이다. 선원들은 그물을 내리라고 하면 내리고 올리라고

배운 사람들 하는 짓 보고 못 배운 걸 한탄하지 않았다

하면 올리기만 하니까 일개 선원이 결정할 수 있는 게 아니다.

"다 새빨간 거짓말이에요. 변호사한테도 모두 사실이 아니라고 했더니 왜 이제 와서 부인하냐고 해서 이근안이 시키는 대로 했을 뿐이라고 했어요. 그 변호사를 가족들이 30만 원을 주고 들였다는데 아무 소용이 없었어요. 재판받을 때 판사랑 검사를 보면서 기가 막혔어요. 있지도 않은 일을 말하면서 나보고 했다고 하고, 나는 그런 사실 없다고, 고문받아서 거짓으로 자백한 거라고 말해도 안 들어요. 사형을 구형하고 무기징역을 선고해요. 분했죠. 이근안이는 있지도 않은 간첩 만들어서 공적 세워서 자기만 잘살려고 나까지 간첩 여섯 명을 만들어놓고 서울로 출세해서 갔잖아요."

배운 사람들이 한통속이 돼서 가짜 간첩을 만들어내는 걸 보고 그는 공포에 질렸다. 못 배워서 당했다고는 생각하지 않았고, 못 배운 것에 대한 한탄은 하지 않고 살았다고 말한다.

이웃과 선장에게 신망받는 '우리 아바이'

"동네 사람들도 다 알아요. 아바이 재판받을 때 덕적도 동네 사람들이 탄원서에 다 서명했어요. 선장들도 우리 아바이가 그럴 사람이 아니라고 말했어요. 간첩 편들면 다 감옥 가고 집안 망하는 줄 알았던 세상인데, 우리 아바이가 간첩이 아니라

©윤유성

배운 사람들 하는 짓 보고 못 배운 걸 한탄하지 않았다

고 해준 것만 봐도 알잖아요. 원체 착하고 술 담배도 안 하고 착실해요. 선주들이 다 이 사람하고만 일하려고 했다니까요. 그런 우리 아바이를 어떻게 간첩으로 몰아가는지 자다가도 벌떡 일어나요. 우리가 살았던 섬이 북한하고 가깝지만 다 북한이 싫어서 피난 온 사람들인데 누가 왜 간첩을 하겠어요.

우리 아바이가 스무 살, 내가 열여덟 살에 만나서 결혼하면서 방 두 개에서 시작했어요. 시어머니, 시누이 다 같이 살았죠. 재밌었어요. 아바이가 겨울에 화투한 것만 빼면요. 한번은 노름을 너무 심하게 해서 내가 집을 나가버렸어요. 동네 청년이 선착장에서 나를 데려가지 않았으면 그때 어떻게 됐을지 모르죠. 우리 자랄 때부터 여긴 조기가 넘쳐나서 달구지로 실어 나를 정도였어요. 없는 건 육지에서 사오면 됐으니까 부족한 게 없었어요. 그러다보니 바깥소식에 크게 관심이 없었어요. 태풍이 온다고 해도 잘 몰랐고. 그렇게 섬에 살다가 우리 아바이가 갑자기 간첩이 되었으니.

나도 나지만 어머니가 정말 속상해하셨어요. 딸이 넷이 있는데 우리 아바이가 장남이자 외아들이었거든요. 얼마나 애지중지 키웠겠어요. 지금이야 딸이 더 좋다고 하지만 그때만 해도 아들 아들 했잖아. 대를 이어야 하니까. 내가 열여덟에 시집왔는데 그때부터 어머니를 모시고 살았어요. 나한테도 잘해주셨어요. 내가 젖이 잘 안 나와서 어머니가 직접 손주들 젖을 먹여 키웠어요. 젖이 부족하면 찹쌀 풀어서 먹이기도 했고. 정말

어머니를 의지하며 살았어요. 그런 마음씨 착한 어머니가 아들이 간첩으로 몰려서 재판받는 걸 보니까 얼마나 원통했겠어요.

재판받을 때, 1심에서 검사가 아바이한테 사형을 구형했어요. 그걸 바로 죽는다는 건 줄 알고 어머니가 기절했어요. 깨어나서 복도로 갔는데 거기서 이근안 그 작자하고 딱 마주쳤어요. 어머니가 '내 아들 살려내' 고래고래 소리 지르고. 그자는 어머니를 뿌리치고 가버렸어요. 항소하면 무죄는 아니더라도 조금 일찍 감옥에서 나올 수 있다고 해서 항소를 하고 여섯 달 뒤인가 또 재판을 받았어요. 징역 15년 받고, 대법원에서도 뭐 제대로 묻지도 않고 15년 살아야 한다고 나왔죠. 말할 기회도 없이 재판받고 광주교도소로 갔어요."

광주교도소 12년, 죽지 말고 살자

> 모든 문들 중 마지막 문
> 그렇지만 아직 한 번도
> 모든 문을 다 두르려본 적 없다.

– 라이너 쿤체 시 〈자살〉

교도소에 들어갔더니 밤이었다. 무죄가 증명돼 나갈지도 모른다는 기대로 모진 고문을 견뎠는데 최종 15년형으로 판결

배운 사람들 하는 짓 보고 못 배운 걸 한탄하지 않았다

이 나자 김홍수는 아무런 희망이 없었다. 살고 싶은 생각이 뚝 떨어졌다. 옷을 찢어서 목을 매려고 했다. 통로를 지나가는 간수가 그걸 보고 쿵쾅쿵쾅 급하게 문을 열고 방으로 들어와서 말렸다. "살아서 나가셔야죠." 밖에서 고생하는 어머니, 집사람, 자식들을 생각하면 어떻게든 버텨야 하는데 말이 그렇지 15년을 감옥에서 산다고 생각하니 기운이 쭉 빠졌다.

　　다음날 다시 죽으려고 마음먹고 있었다. 그런데 전날 영등포교도소에서 같이 기차 타고 내려온 학생이 찾아와 그에게 말했다. "악착같이 살아서 나가야 해요. 여기서 죽으면 진짜 간첩이 됩니다." 시국사건으로 6년형을 선고받은 서울대 운동권 학생이었다. 이러지도 저러지도 못하고 있는데 교무과에서 찾아왔다. 간첩이나 국가보안법은 전향을 하면 독방이 아니라 여러 명이 있는 방으로 가게 해준다고 했다. 그는 바로 교무과에 갔다. 전향이 뭔지도 모르고 감옥생활이 좀 편해질까 싶어 사인을 했다. 전향이라는 걸 하니까 공장으로 노역을 가게 해주었다. 처음에는 꽃 공장에 나갔다. 하루 종일 감방에 갇혀 있는 것보다 시간이 빨리 가고 훨씬 나았다. 독방이 아니라서 외롭고 무서운 생각도 덜했다. 얼마 후 꽃 공장에서 목 공장으로 옮겼다. 감옥에서 나가면 배를 타기 어려울 거 같고 목공 기술이라도 배워둬야지 나중에 쓸 거 같았다. 목 공장 생활도 편했다. 무기징역을 받은 사람이 목 공장 대장이었는데 그 사람이 인민군 출신이었다. 그래서 그런지 무척 잘해주었다. 1989년 교도소에

서 나올 때 그의 주머니에는 목수 자격증하고 모범수 1급수로
받은 월급을 모은 돈 150만 원이 있었다. 출소하고 나서 목 공장
을 다녔는데 다리가 아파서 일을 할 수가 없었다. 1997년에 일
을 그만두었고, "집사람의 고생"은 끝나지 않았다.

갈치는 이고 조기는 달고 365일 행상

"남은 사람은 앞이 캄캄하죠. 아무것도 없어. 아바이 빼
낸다고 있는 돈 없는 돈 다 털어서 변호사비로 썼어요. 배 사려
고 모아둔 300만 원도 썼으니까 꽤 컸죠. 변호사비가 후회돼. 아
까워. 변호사 쓴 사람이나 안 쓴 사람이나 재판 결과가 비슷했거
든요. 다 간첩 만들려고 작정을 했으니 뭔 소용이야. 아무 소용
없어요. 아무튼 재판 끝나고 나니까 80만 원밖에 안 남았어요.

단칸방으로 아홉 식구가 옮기고 어머니랑 애들이랑 살았
네. 제일 큰 걱정은 굶지 않는 거. 시골 애들은 밥만 먹여주면
사니까 죽지 않으면 만나서 살겠지 그 생각으로 견뎠어요. 내
성격이 누구한테 손 벌리고 그런 거 못하니까 돈을 벌어야 했어
요. 언니가 그래요. '공장 같은 데서 월급 받아서는 그 많은 식구
먹고살기 어려우니까 장사를 하는 게 좋을 거다.' 그래서 생선
장사를 시작했어요. 섬 출신이니까 내가 생선은 잘 알잖아요.

새벽밥 해놓고 나서 어머니가 애들 도시락 쌀 때면 나는

배운 사람들 하는 짓 보고 못 배운 걸 한탄하지 않았다

인천 연안부두로 갔어요. 아침 8시쯤 고등어, 조기, 꽁치 같은 생선을 떼다가 버스를 한 시간 타고 부평 백마장으로 팔러 갔죠. 생선 다라이를 머리에 이고 동네를 돌아다녔어요. 장사가 잘되는 날도 안 되는 날도 있었는데 먹고살아야 하니까 비가 오나 눈이 오나 바람이 부나 매일 나갔지.

하루는 별을 단 높은 분이 차에서 내리더니 말을 걸어. 백마장에는 5공수, 6공수, 보병부대 같은 군부대가 많거든요. 가끔 부대에서 생선을 사줘서 그 부근에 자주 갔는데 그런 저를 그분이 몇 번 봤나봐요. 그분이 무슨 사연으로 생선 장사를 하냐고 해서 아바이가 감옥에 있다는 말은 차마 못하고, 아바이가 육신을 쓰지 못해 내가 벌어 아이들 가르친다고 했어요. 그러니까 그분이 군부대를 맘대로 들락거리는 출입증을 만들어줬어요. 그 증을 관리소에 맡기고 언제든지 군부대에 들어갔네. 그분은 이북 사람인데 누나를 이북에 놓고 오셨대요. 딸은 미군과 결혼해서 미국에서 살고. 내가 손맛이 좋거든. 그분 댁에 가서 김치도 담가주고 밑반찬도 뚝딱뚝딱 만들어주고. 회 시키면 회도 떠주고. 그렇게 해주니까 다른 부인들 오라고 해서 생선 팔아주고. 거기서 다 팔고 나오고 그랬어요. 호강도 그런 호강이 없지.

처음에는 누가 산다는 보장이 있나요. 무작정 돌아다니는 거야. '생선 왔어요' 큰 소리로 외치고 다니다보니까 단골이 늘었지요. 저녁이면 목을 돌릴 수가 없어. 다라이에 갈치, 병어

김흥수

그런 거 넣고, 옆구리에는 조기 말린 거 끼고 그러고 다녔네요. 옛날에는 차장이 있었거든요. '오라이~' 하고 차를 세우고 태우고 했단 말이야. 내가 생선 다라이 들고 있으면 안 태워줘요. 냄새 나니까. 버스 타는 것도 겨우 타고. 비가 오면 또 얇은 우비 입고 생선도 비닐로 덮고 다녔어요. 비가 오나 눈이 오나 바람이 부나 나가는 거예요. 밥은 사 먹으면 돈 드니까 강냉이 먹고. 아니면 건빵 100원 200원짜리 사 먹고 물 마시면 건빵이 물에 불어서 든든해요. 죽자 사자 장사를 했어요. 울기도 많이 울었지. 골목에서도 울고 계단에 앉아서도 울고. 버스 타고 가다가 고개 뒤로 젖히고 수건으로 얼굴을 덮고 있으면 눈물이 한없이 흘러 나와요. 억울하고 분하고 속상하니까. 내가 그래서 말하잖아요. 눈물 흘려서 한강수 되고 한숨 쉬어서 동남풍 된다고.

아무튼 간에 10년도 넘게 남편이 감옥에 있는 동안 악착같이 번 돈으로 집을 샀어요. 지금 사는 이 집이 3층 빌라인데 우리 집이에요. 1층과 3층은 세주고 2층에 살고 있어요. 진짜 아바이 감옥에 있는 동안 하루도 거르지 않고 생선을 팔아서 밥만 먹고 겨우 입히기만 하고 학교만 보내고 그렇게 돈을 모아 여기에 땅을 사서 빌라로 지었죠. 지금이야 집도 있고 아바이가 무죄가 돼서 나온 보상금으로 돈을 벌지 않아도 먹고살지만 그때만 생각하면…… 아이고 무슨 말이 필요하겠어요.

도망은 무슨 도망이야. 딴생각 안 해요. 애들 공부시켜야 한다는 거, 그거 하나만 생각하지. 나는 고향에서 초등학교 2학

배운 사람들 하는 짓 보고 못 배운 걸 한탄하지 않았다

년까지만 다녔어요. 나는 고생은 해도 애들은 중고등학교까진 마쳐야 한다, 자식은 죽겠다고 벌어서 가르치겠다 결심을 하니까 되더라고요. 우리 애들은 아버지가 없어도 참 잘 자라주었어요. 아버지가 무슨 죄로 가 있는지 대충 알지만 크게 신경 쓰지 않았고 아버지를 원망하지도 않았고요. 대학을 가라고 해도 안 가요. 엄마 고생한다고, 엄마 힘들어서 안 된다고 안 가. 자기들이 알아서 상업학교 갔어요. 돈이 없어 대학은 가기 어려웠지만 착하게 잘 컸죠. 시집 장가 가서 집 마련하고 사니까 자식 농사는 성공한 셈이에요. 우리 넷째딸이 공부를 잘해서 전교 1등만 했거든요. 검찰에 취직하려고 했는데 시험을 앞두고 걱정이 돼서 광주교도소에 전화를 걸었어요. 물어보니까 아이들만 잘하면 된다고 아무 상관없다고 하더라고요. 그래도 아버지 전력이 있어서 떨어지면 어떡하나 걱정했는데 합격했네. 거기서 연애해서 지금 사위를 만났어요. 둘이 연애하고 혼담이 오갈 때 사위에게 우리 아바이 감옥 갔던 사실은 감췄지요. 혹시 잘못될까봐 그랬는데 나중에 말했어요. 사위가 왜 진작 말 안 했냐고 화를 냈지만. 아버님 고생 많이 하셨다며 위로해주고 참 고마운 사람이죠. 지금은 검찰청 나와서 법무사로 일하는데 재심 신청할 때도 사위가 도와줬어요.”

"무죄"라고 했을 때 넙죽 엎드려 절을 했다

김흥수가 목공일을 그만두고 몸이 아파서 집에서 쉬면서 병원을 다니던 때였다. 우연히 텔레비전 채널을 돌리다가 시선을 고정했다. 머리가 허연 사람인데 어디서 본 얼굴이었다. 같은 교도소에 역시 간첩죄로 들어온 감방 동기였다. 그런데 그 사람의 간첩죄가 무죄로 확정됐다는 소식이었다. 그는 곧바로 넷째딸에게 알아보라고 했다. 넷째딸은 아버지가 보안법으로 나왔는데 다시 이야기하면 또 시끄러워지는 거 아니냐고 말렸다. 그는 주장했다. "아니다. 재심하면 무죄가 된다. 나는 간첩이 아니다." 법무사 사위가 도와줘 재심을 받았다. 판사가 "무죄"라고 했을 때 그는 넙죽 엎드려 절을 했다. 아들의 무죄를 못 보고 돌아가신 어머니. 감옥에서 나온 지 6개월 만에 돌아가신 어머니 얼굴이 가장 먼저 떠올랐다. 집에 전화했더니 아내도 엉엉 울었다. 무죄판결을 받으니까 나라에서 보상금이 나왔다. 가족, 친척, 손자까지 조금씩 나누어주었다. 가족이고 친척인데 누구는 주고 누구는 안 줄 수가 없어서, 무죄판결 보상금 일부를 매제에게도 주었다.

이제는 잊고 산다. 고생은 했지만, 이렇게라도 살아 다행이라고 생각한다. 다만 한 가지, 건강이 마음에 걸린다. 광주교도소에 있으면서 혈압이 높다는 걸 알아서 혈압약을 먹기 시작했다. 거기서 백변병도 앓았다. 피부가 하얘지면서 검은 반점이 생기는 건데 아무리 약을 발라도 낫지 않았다. 큰병원을 갔는데도 낫지 않았다. 또 고문 후유증으로 양쪽 다리 굵기가 다르다. 오른쪽 다리가 왼쪽보다 가늘고 잘 걷지 못한다. 자다가도 무서운 꿈을 꾸고 놀라는 바람에 심장약을 매일 먹는다. 나이 들어서 아픈 거야 어쩔 수 없지만 그래도 덜 아프면서 살다가 갔으면 한다.

땅에다 내려놓기도 아까운 사람

"아바이도 아바이지만 나도 약 없이는 못 살아요. 골병들어서 이러잖아. 어깨, 머리 다 아파. 머리는 정수리가 그냥 콕콕콕 쏘고 하늘로 빨려 올라가는 것 같아. 짐을 많이 져서 어깨도 안 좋아. 손도 덜덜덜 떨리고 입도 덜덜덜 떨렸는데 약 먹고 이제 괜찮아졌어요. 지금도 매일 동네 병원에서 물리치료 받아요. 시집간 딸들이 집에 오면 엄마 오래 살라고 다리 주물러주고 엄마 고생했다고 그렇게 울어요. 내가 고생하는 걸 지들이 다 봤으니까 알지. 아바이도 자기 없을 때 고생했다고, 남자는 여자 고생 안 시키게 해야 한다고 생각하는 사람인데 내가 이렇게 고생했으니까 맘 아프다고 그 이야기하면서 울어요.

아이고, 내가 아바이 교도소에 있을 때 무슨 일이 있어도 1년에 한 번은 꼭 갔거든요. 장사를 해야 하니까 자주는 못 가고. 면회 갈 때 뜨뜻한 밥해서 두꺼운 잠바에 싸가지고 가면 여름에도 그냥 그대로야. 김이 펄펄 나. 한 시간 먼저 가서 관리실 앞에서 생선 구워서 싸가면 맛있게 먹을 수 있어요. 또 오징어도 집에서 맛있게 말려서 가져가요. 넉넉히 준비해서 넣어줘요. 가지고 들어가서 안에서 사람들이랑 먹으라고. 지금 생각해보면 기억이 많이 나요. 그때가 제일 행복했던 순간 같애.

아바이는 이날 이때까지 나한테 이렇게(검지와 엄지손가락을 튕기며) 한 번을 안 했어요. 생전 가야 큰 소리 한 번 안 치고 여자를 위하고 살아요. 지금도 밥하기 힘드니까 웬만해선 나가서 먹자고 하고 매 끼니마다 밥 먹으면 약 따박따박 챙겨주고, 우리 아바이가 나한테 말도 못하게 잘해요. 땅에다 놓기도 아깝다고 해. 땅에다 놓아야 되니까 놓는 거지요. 좋은 말만 하고 위해주고 그래요. 두 늙은이가 그렇게 사는 거에요."

1977. 9. 30.경 국가보안법 위반으로 경찰국 인천경찰서 정보2과 대공분실(수사관 이근안에게 고문)에 체포
　　　11. 8. 검사의 기소
1978. 4. 8. 서울지방법원 인천지원에서 무기징역형 선고
　　　8. 2. 서울고등법원에서 징역 15년 및 자격정지 15년 선고
　　　11. 14. 대법원에서 상고 기각되어 형 확정
2011. 11. 25. 서울고등법원 재심 신청
2014. 1. 8. 재심 결정에 검사 항고
　　　3. 31. 대법원 검사의 항고 기각 결정(재심 재판 진행)

　　　배운 사람들 하는 짓 보고 못 배운 걸 한탄하지 않았다

10. 10. 서울고등법원 무죄 선고 확정
2015.   4. 3. 형사보상 결정

아버지는
빨치산한테 죽고

아들은
간첩으로 잡혀가고

김 평 강

모든 인간의 육체와 모든 인간사가 형성한 나

- 기욤 아폴리네르 시 〈행렬〉 중

©윤유성

"아버지는 빨치산한테 죽고 그 아들은 간첩으로 잡혀가고. 나 같은 사람이 없언." 말끝이 바람꼬리 타고 사라진다. 제주 방언 특유의 억양이다. 바람 많은 섬, 제주. 밭이나 바다에서 작업할 때 길고 작은 발음은 알아듣기 어려워 짧고 강한 발음으로 말투가 변해갔다고 한다. 김평강은 큰 키에 온건한 풍모, 낮고 희미한 말투를 가졌다. 소년과 노년이 동거하는 선한 얼굴이다. 사정없이 따귀를 때리고 가는 난폭한 제주 바람도, 일본과 제주를 오가며 일손 멈춘 적 없던 한평생 밥벌이의 억척스러움도, 모진 고문과 옥살이도 그의 표정을 망쳐버리지는 못했다. 일흔 중반 고개를 넘고 나니 말하는 게 점점 힘들다는 그는 수시로 마른침을 넘겨가며 '게난……'으로 말문을 열었다. 게난은 '그러니까'라는 뜻의 제주 방언이다. 그의 생애는 온통 설명해야 할 일들투성이다. 제주 4·3항쟁으로 여덟 살에 아버지를 눈앞에서 잃은 경찰 유가족이 어째서 마흔 살에 느닷없이 간첩으로 몰렸는지, 모든 것이 애매합니다만 사형에 처해달라는 말이 어떻게 성립하는지, 감옥에서 보낸 7년은 어떤 의미였는지, 자다가도 일어나 찾아갈 오름이 있고 어디로 눈 돌려도 막막히 펼쳐진 바다가 있는 제주도가 좁은 시야를 어떻게 열어주는지, '간첩 김평강'이 아닌 '믿을 만한 사람 김평강'으로 환대해주는 제주 토박이 벗들이 거기에 그대로 있는 게 삶에서 얼마나 귀하고 중한 일인지, 자신을 고문했던 가해자에 대한 분노가 수시로 치솟지만 왜 용서하고 싶은지, 어떻게 '슬픔과 노여움은 앙금처럼 물무늬지어 가라앉'았는지, 가쁜 숨을 몰아쉬며 그는 그날의 기억부터 파헤쳤다. 온몸이 귀가 되어야 겨우 들리는 아득한 말들이다.

제주, 아버지를 앗아가고 아들을 위무하다

　"게난, 산에서 빨치산들이 내려와서 삼양초등학교를 불
태우고 삼양지서를 습격했거든. 그 현장에 출동했다가 아버지
가 죽었어. 아버지가 제주시 삼양동 민보단(주민을 보호하기 위하여
관의 주도로 설립된 단체) 단원이야. 우리 아버지를 막 칼로, 죽창으
로 배에다가 찌르고 그래 죽었어. 총에 맞은 사람은 복 좋은 사
람이고, 아버지는 험하게 죽었으니까. 아침에는 경찰관이 오고
밤에는 산에서 빨치산들이 막 왔어. 마을 사람들이 전부 산에
올라갔어. 돼지 잡고 쌀 가지고 다 올라갔는데 하루 이틀 사니
깐 살 데가 아니거든. 그래서 전부 내려왔어. 그 산에 올라갔다
가 못 내려온 사람들이 나중에 빨치산이 된 거야. 그 사람들이
마을에 내려와서 학교를 막 불태워. 자본주의를 교육시킨다 해
서 학교를 없애는 거라.

　그날도 어떻게 된 거냐 하면 우리 아버지랑 경찰관이 청
년이랑 모여가지고 학생 30명인가 해서 같이 불을 껐어. 새벽 3
시쯤에 불 끄고 있는데 산에 올라간 줄 알았던 빨치산들이 몰래
숨었다가 싹 포위해가지고 습격한 거야. 그때 우리 고향 사람
96명인가 돌아갔어. 학생이 16명 죽고 청년이 50명 죽고 또 동
네분이 30명 죽고. 그니까 그날은 마을마다 제삿날이야. 그런데
경찰관들이 가만있나. 가만 안 있어. 또 동네마다 댕기면서 산에
올라간 사람 가족들, 할머니, 할아버지, 어린애들을 다 죽였지.

낮으로는 경찰관한테 죽고 밤으로는 산에서 와서 죽고. 우리 어릴 때 겁나서 못 봐. 밤마다 집에 뭐 그냥 불도 끄고 그랬지."

1949년 1월 2일, 아버지가 죽었다. 길거리에서 사람 죽는 일이 예사였다. 삼양파출소 동쪽에 큰 모래밭으로 마을 사람들을 나오래서 나간 적이 있다. "전부 가서 봤다. 총으로 쏘는 거." 너희들도 산에 올라가는 사람들을 협조하거나 올라가는 사람 있으면 이렇게 된다는 것을, 이북에서 공개 처형하는 식으로 마을 사람들 다 나오라고 해서 보여주었다. 여덟 살 꼬마 평강도 어른들 틈에 끼어서 까만 눈동자를 고정시켰다.

"둘째 할아버지랑 아들도 4·3 낮에 죽었어. 아버지, 큰 할아버지, 둘째 할아버지, 할머니…… 한쪽은 경찰한테 죽고 한쪽은 좌익한테 죽고. 아버지는 새벽 3시쯤에 죽고 할아버지들은 다음날 아침 9시쯤에 우리 학교 갈 때 되니까 죽었어. 장본인만 죽이면 좋을 건데 아니 그 할머니, 할아버지, 초등학교 다니는 그 아들을 왜 죽이냐고. 그렇게 죽은 분들이 엄청 많아. 함덕 해수욕장에 집합하게 해서 전부 죽였어. 남자는 차에 실려 와서 죽었으니까. 화북도 엄청 많이 죽었어. 게난 제주도 전체 동부에서 남자를 싹 죽여부니까, 거기 홀어머니 마을 유명하잖아. 4·3항쟁이 그거예요."

백살일비(百殺一匪). 양민 백을 죽이면 그중에 게릴라 한 명이 끼어 있을 것이고 양민 이삼만을 죽이면 이삼백의 게릴라는 완전히 소탕될 것이라 했던, 그리하여 수만의 양민이 희생

되고 마을이 송두리째 불탔던 핏빛 낭자한 사건. "정부 기구인 '제주 4·3사건 진상규명 및 희생자 명예회복 위원회'가 2003년에 펴낸《제주 4·3사건 진상보고서》에 따르면 2만 5,000명에서 3만 명이 희생된 것으로 추정된다. 대부분이 군경에 의한 학살이었다. 제주도민 10명 중 1명꼴로 학살된 것으로 우리 역사 전체를 통틀어 한 지역에서 학살된 인원으로 가장 많다고 알려졌다."●

4·3항쟁으로 가족공동체가 맥없이 깨지고 사라졌다. 그의 할아버지는 8형제이고 사촌이 28명이다. 이름도 채 모르는 친척들이 4·3 때 죽었다. 그의 아버지의 끔찍한 죽음은 그러나 흔한 죽음이기도 했던 것이다. 이에 대해 현기영은 소설 〈순이 삼촌〉에 이렇게 기록했다.

"옴팡진 밭마다 흔전만전 허옇게 널려 있는 시체를 직접 내 눈으로 보고 나자 나는 어머니의 죽음이 유독 나에게만 닥쳐온 불행이 아니고 그 숱한 죽음 중의 하나일 뿐이라고 생각하게 되었다."

생과 사는 우연에 맡겨졌다. 운 좋게 살아남은 사람들은 4·3의 상흔을 숙명처럼 안고서 어떻게 해서든 살아갈 방법을 도모해야 했다.

● 서중석·김덕련,《서중석의 현대사 이야기 1》, 오월의봄, 2015, 167쪽.

일본으로 살러 간 제주 사람들

"노 젓는 배 타고 그냥 가. 젊은 사람은 있으면 그냥 죽이니까 안 죽은 사람들이 일본으로 도망 가는 거야. 가을에는 바람이 하늬바람이어서 서쪽에서 동쪽으로 불거든. 통통선이라고 한 2~3톤 되는 작은 배들을 탔어. 일본에 빈손으로 가서 막노동하면서 돈 벌면 장사하고. 교포들이 그런 사람들이야. 4·3의 피해자들이지. 우리 아버지같이 빨치산한테 죽은 사람은 수가 적고, 그 외로 죽은 사람이 엄청 많아. 경찰이 하도 많이 죽이니까 싫어서 도망간 거라. 일본에 조총련이 워낙 많았어요. 조선 사람이 전부 조총련이 된 거지. 그 사람들 중에서 나중에 38선이 갈라지니까 대한민국을 지지하는 사람이 나왔고, 그 사람들이 만든 단체가 대한민국 거류민단(일본에 거주하는 한국인들이 구성한 자치단체), 줄여서 민단이라고 하지.

게난, 전에도 일제강점기에 한국 사람들이 징용당해서 일본으로 많이 잡혀갔어. 해방이 되자 일본에서도 먹을 게 없잖아. 그래도 고향에 가면 조상 땅이 있고 친족들이 있으니까 뭐 먹을 수는 있겠지 싶어 제주 사람들이 돌아왔어. 고향에 올 차비도 없는 사람들은 거기에 눌러앉았고. 고향에 온 사람들은 제주도에 왔더니 여기도 난리가 아니거든. 한바탕 난리를 겪고 일본으로 도망가다시피 한 거라. 또 한 차례 1950년대 후반부터 60년대에 제주에서 일본으로 무지하게 갔지. 게난 그때가 일본에서 경제 붐이 일어날 때 아니오."

　　김평강의 어머니는 '그날'의 처절한 불길 속에 남편을 잃고 두 달 후 아들을 낳았다. 그때 나이 스물여덟. 혼자 돼 농사 짓고 쌀장사를 하며 자식을 키웠다. 제주도 여자들은 다 그랬다. 4·3 때 남자들을 잃고 물일 밭일 마다 않고 해냈고 제주 일본 구분 없이 살 길 찾아 나섰다. 먹고사는 일로 허덕이느라 자식 교육은 감히 생각지도 못했던 시절이나 장손 김평강은 할아버지의 도움으로 간신히 중학교를 마쳤고 고등학교도 가까스로 졸업했다. 대학을 포기하고 도피하듯 해병대에 입대했다. 군 복무 도중 결혼해 아이를 낳았고, 한전에 수금 사원으로 취직했으나 그 봉급으로는 두 동생과 어머니, 아내와 아이가 먹고살기 어려웠다. 농사만 지어서는 살림이 나아지지 않자 그의 어머니가 먼저 일본으로 떠났고, 1969년 7월 그도 어머니가 사는 동경으로 향했다.

　　"봉급이 너무 적어. 한전 그만두고 삼부토건에서 자재 담당으로 일하다가 제주도 제2횡단도로가 끝나서 그만두고 일본으로 갔어요. 어머니는 동경에서 김석종(허간회 매형) 모친 김만수와 양복일을 하고 있었어요. 나는 김만수 할머니 조카 소개로 대지건설에 들어갔는데, 거기가 제철 회사야. 쇠를 가공하는 곳인데 온도가 2,600도야. 아, 죽겠대. 푹푹 찌는 여름에 그 뜨거운 쇳물에 들어가니까. 그 대신 돈은 많아. 6만 엔이면 최고 봉급이야. 제주에 있는 할머니한테 두 달 만에 전화해서 밭 사두

　아버지는 빨치산한테 죽고 아들은 간첩으로 잡혀가고

라고 했으니까.

게난, 한여름에도 두꺼운 솜옷을 입고 헬멧을 쓰고 2년간
을 일했어. 공장에서 먹고 자고 하면서 돈을 모았어. 나중에는
집사람도 왔어요. 아들, 딸은 장모에게 맡기고 일본에 돈 벌러
들어왔어. 민단 사람 소개로 가방 만드는 일을 했죠. 나도 몸이
아파서 제철소를 관두고 가방일 배웠어요.

아침 8시부터 밤 10시까지 일하고, 목욕 갔다 와서 밥
을 먹고 자. 일요일도 없어. 그땐 처음이니까 그렇게 해야 돈 버
니까. 일 많이 하면 돈을 많이 받지. 2년 하면 독립시켜준다고
했는데, 가방에서 최종 공정을 내가 담당했거든. 그 회사가 너
무 바빠서 나가겠단 말을 못하는 거야. 나중에 미싱기계 줄 테
니 독립해서 해봐라 해서 공장을 차렸어. 7년간 가방을 만들다
가 80년 12월 달에 제주에 들어온 거라. 일본에 69년부터 80년
까지 11년을 살았지. 근데 15년을 살면 강제 추방을 못해. 절대
일본에서는 본인이 안 가겠다고 하면 안 내보내. 영주권 신청을
하려고 하다가 아이들이 제주에 있으니깐 도저히 못하겠다더라
고. 아이들 생각에 언제나 한국에 와야지 이랬지. 11년 동안 애
들하고는 전화와 편지로 만났지. 우리 집사람은 맨날 울어. 비
오는 날에 그렇게 울어. 한국 노래 막 틀거든. 그러면 그때 막
울어."

자식을 떼어놓고 온 만큼 김평강 부부는 모질게 마음먹
고 일만 했다. 11년 만에 입국할 때는 제법 목돈을 챙길 수 있었

다. 이제 좀 안정적으로 살려나 싶었으나 그 기쁨도 잠시. 입국한 지 4개월 만에, 그러니까 1981년 3월 전두환이 대통령에 취임하고 얼마 뒤 김평강은 끌려간다.

군부가 주도한 1980년대의 거대한 정치적 폭력
해일처럼 굽이치는 백색의 산과 골짜기에
눈보라가 내리는 백색의 계엄령

— 최승호 시 〈대설주의보〉 중

모든 것이 애매합니다만 사형에 처해주십시오

"게난, 새벽 6시에 자는데 남자 둘이 찾아와서 여관에 끌고 가. 왜 날 잡아가냐고 따졌지. 김씨와 부씨 두 명의 형사가 있어. 어디로 데려가더니 일본에서 생활한 거 쓰라고 종이와 연필을 줘요. 일주일 동안 한 스무 번 썼나봐. 수사관들이 읽어보고 찢기도 하고 마음에 안 들었는지 나중에는 이렇게 쓰면 된다고 알려주면서 경찰봉으로 어깨를 막 쳐. 일본에서 한 행적을 똑바로 쓰라는 거야. 내가 일본에 처음 갔을 때 어머니 집에 딱 일주일 있었는데 그 집주인이 조총련인 거야. 그 일주일 동안 내가 조총련에 가입해서 활동했다고 뒤집어씌우는 거지. 게난, 나는 경찰 유족 아니오. 공산주의를 적대시하고 있고 조총련 행사 참가할 생각조차 해본 적도 없다고. 8·15 행사에 민단 동경 본부 단원들과 매년 참석했거든. 아무리 말해도 안 통해."

경찰서에서 내도록 시달리던 그는 참다못해 말했다. "나 오현고 나왔다! 제주시에 아는 사람 많다. 우리 집안에 서울대 간 사람이 일곱 사람이고 쟁쟁하다!" 실제로 그를 처음 취조한 형사는 그가 다닌 오현고 후배였다. 그 후배는 김평강을 더 조사해봐도 나올 게 없다, 조사 못하겠다고 말했다더니, 10일쯤 지나 보이지 않았다. 다른 형사로 교체된 것이다. 그 어떤 외침도 그대로 튕겨져 나왔다. 다시 고문이 시작됐다. 수사관 두 명이 반말을 지껄이며 다리에 경찰 곤봉을 끼우고 양쪽에서 발로 밟았다. 무릎과 허리, 정강이를 마구 발로 찼다. 잠을 도통 재우지 않았다. 손톱이 새카매지고 까무룩 정신을 잃었다. 그렇게 33일을 맞고 쓰고를 반복하더니 나중에는 수사관이 자술서를 만들어왔다. '공작금 백만 엔을 받았다' '조총련에 가입했다' '학습에 참여했다' '모든 조총련 행사에 참여했다'는 내용이었다.

"이런 일 없다, 난 일본에 가서 돈을 벌고 왔지 돈을 받지 않았다고 소리 질렀지. 그 수사관이 세화 애들이거든. (제주 동쪽 해변) 세화 애들은 촌 애들이라, 나도 자존심이 있지. 막 덤볐어. 일본 가서 물어보라고. 나 잘못한 거 없는데 왜 이런 걸 만들어 왔냐고 막 해댔더니 한참 있다가 수갑을 가져왔더라고. 수갑 채우고 나무침대에 다리 묶고 눕혀놓고 수건을 탁 씌우고 물을 부어. 아, 숨을 못 쉬겠대. 사람이 제정신이 아니야. 사람 소리가 아니라 짐승 소리를 막 내고…… 나중엔 풀어달라고 찍겠다고. 아무것도 안 보고 무조건 다 찍었지."

　　그는 일본에서 일요일엔 쉬면서 텔레비전으로 조총련과 일본의 축구 경기를 보곤 했다. 그게 축구 경기장에 직접 가서 북한기를 들고 조총련을 응원했다고 써 있었다. 11년 만에 제주에 돌아와서 오현고 동창이자 해군에 근무하는 처남을 만나 부두 다방에서 차 한 잔 한 일이 있다. 그건 배 뜨는 걸 탐지해서 일본에 연락한 것으로 돼 있었다. 경찰국에서 일하는 친구가 '신제주'가 생겼다고 구경할 겸 놀러오라고 전화 와서 사무실에 놀러간 것도 '제주의 발전상'을 보고한 간첩활동으로 적혀 있었다. 그 모든 허위 사실을 반박할 힘을 잃은 김평강은 52일 만에 손도장 찍고 제주구치소에 구속 수감됐다. 검사에게 조사를 받았다. 그는 검사에게 경찰에서 모든 것은 고문에 의한 조작이라고 강변했으나 검사는 들으려 하지 않았고 짜증을 냈다. "경찰서에서는 다 시인해놓고는 여기 와서 부인을 하느냐. 경찰서로 다시 가서 혼이 나야 정신을 차리겠느냐." 검사는 고문으로 만들어진 그 자술서 내용을 컴퓨터로 작성해 그에게 내밀었다. 지장을 찍으라고 강요했다. 복도에는 그를 고문했던 형사 다섯 명이 서성거리고 있었다. 또다시 경찰에 불려가 고문당할 두려움에 떨면서 김평강은 진술서에 지장을 찍었다.

　　"칸바레!" "칸바레!"

　　재판이 열리자 판사가 물었다. "검찰에서 진술한 내용이 사실이죠?" 그는 꼿꼿이 "아니오!"라고 답했다. 방청석에서는 "칸바레!"(힘내라) 하는 소리가 잇달아 들렸다. 김평강의 아내가 민단 회장 부인과 다른 부인들, 즉 그의 죄 없음을 너무도 잘 아는 교포들을 전부 재판장에 부른 것이다. 그럼에도 검사는 눈동자의 흔들림조차 없이 이렇게 말했다.

"모든 것이 애매합니다만 사형에 처해주십시오."

모든 게 애매한데 사람을 죽이겠다고? 김평강은 귀를 의심했다. 스스로 법리를 배반하는 말이 부끄러움 없이 내뱉어지던 시대다. 그가 경찰 유가족이라는 엄정한 사실도 보호막이 되지 못했다. 검사는 다시 재판을 걸었다. 증인으로 민단 소속인 양명현과 장근종을 불렀다. 재판 전, 형사는 그들을 매수했다. 발언 내용을 쪽지에 적어주고 이대로 하지 않으면 죽는다고 겁박을 주어 재판장에 내보냈다.

"검찰에서 진술한 내용이 사실이죠?" 판사는 물었다. 증인 장근종은 또박또박 말했다. "사실이 아닙니다." 그리고 형사에게 받은 협박용 쪽지를 판사에게 보여줬다. 이 모든 게 고문과 협박으로 꾸며낸 간첩 만들기 시나리오라는 사실을 폭로했다. 재판장은 웅성거렸다. 변호사는 대한민국이 민주주의 국가인데 어떻게 이런 일이 있을 수 있느냐고 항의했다. 검사는 증인들에게 "피고 대신 형을 살겠느냐"고 물었고 증인들은 "그러겠다"고 답했다. 김평강의 결백함을 증언했다. 결국 1심에서 검사는 사형을, 판사는 15년형을 선고했고, 고등법원에서 7년형

©윤유성

아버지는 빨치산한테 죽고˚아들은 간첩으로 잡혀가고

을 선고받았다. 대법원에 상고했으나 기각됐다.

먹고살기 위해 찾아간 일본, 어서 돈을 벌어 고향에 있는 자식들을 보러 가야 한다는 신념으로 2,000도가 넘는 쇳물이 끓는 제철소에서, 가방 공장에서 일요일도 없이 소처럼 일해온 가장에게, "경찰 유족으로 공산주의를 적대시하고 있어 조총련 행사에 참가할 생각조차 해본 적 없고, 일본에 있을 때도 민단 동경본부 단원들과 8·15 행사에 매년 같이 참석한" 김평강에게 간첩죄의 올가미를 씌운 것이다.

광주교도소에서 찾은 정서적 안정

"보안수는 일반수하고 달라. 교도관이 처음부터 나한테 김선생님이라고 해. 다른 죄수들한텐 욕하는데 우리한텐 존댓말을 써. 공장에 나가고 싶은 사람 나가고 독방에 있을 사람 있는 건데 난 공장에 갔지. 양재 공장에 직원이 150명이거든. 거기서 전남대학병원 간호복도 만들고 일반 작업복도 만들어. 내가 일본에서 가방일 하느라 미싱했으니까 미싱 고장 난 거 고쳐주고 그랬지. 그런데 교도관이 미싱일 하지 말고 운동 갔다 오면 물 퍼주는 일 하면 어떻겠냐고 물어봐. 물 떠주는 게 그게 끗발이 세. 물을 맘대로 못 쓰거든. 또 기록일도 했지. 공장에 일반수가 들어오면 죄명, 주소 적고. 한 달에 한 번 일반수 점수

주고, 재소자들의 생활을 기록하는 일이에요. 내가 거기서도 착
실하게 하니까 직원들도 다 좋아하고 그랬어요. 교무과에서 나
담당하는 안기부 직원이 전남대 나온 여자분이었거든. 그 직원
이 우리 가족들이 면회 신청하면 교무과로 오라고 해서 아들한
테 '너희 아버지는 간첩이 아니고, 간첩 하라고 해도 못할 사람
이니 이상한 생각하지 말고 공부만 열심히 해라' 그렇게 말해줬
다고 그래."

　　예상과 달리 김평강은 감옥에서 정서적 안정을 누렸다.
주변 사람들이 꼬박꼬박 존대어를 쓰며 '사람 대접'을 해주고,
억울함을 알아주었기 때문이다. 그리고 《죄와벌》《노인과 바다》
《이방인》《수호지》《삼국지》 같은 책이, 뜻을 같이하는 동료들
이 늘 곁에 있고 적당한 음식도 주어졌다. 옆방에는 5·18 광주
민중항쟁 때 잡혀온 학생들과 시인 김남주가 있었다. 보안사범
들끼리 의기투합해 단식투쟁을 하기도 했다. 정상적인 부식 제
공 등 식단 개선을 요구했다. 3일 동안 단식투쟁을 하자 김치도
넉넉히 나오고 부식도 잘 나왔다. "감옥에 오면 보리밥 먹는 줄
알고 있었는데 제법 충실히 먹었다." 닭고기, 돼지고기가 정기
적으로 나오고 공장에서 난롯불을 피우면 거기서 라면도 끓여
먹었다. 보안수는 봄가을 1년에 두 번 사복을 입고 사회 참관을
나갔다. 영산강을 구경하고 포충사도 가고 소고기도 구워 먹었
다. 직원들이 권한 맥주 한 잔에 얼굴이 새빨개지고 왈칵 토한
일은 잊지 못할 추억으로 남았다. 1988년 5월 30일, 복역을 마

치고 7년 12일 만에 출소할 때는 "살이 꽉 찼었다". "옥살이로 쭈그렁할 줄 알았을 텐데 머리 싹 기르고 멀쩡하게 나오니까" 모두들 놀랐을 정도다.

"7년이란 세월을 보냈지. 사람이 살아가는 데 좋은 일만 있는 것도 아니고 한세상 살다보면 이런 일도 있구나 그런 생각이 들어요. 전두환이 원망도 많이 했는데 지금 생각하면 나를 간첩으로 만든 게 다 정치극이기 때문에 자기가 대통령 될라고 한 거니까 이해도 되고. 교도소 안에서 천주교를 믿게 됐어요. 신부가 날 따로 불러요. 당신은 억울하게 산 사람이다. 그걸 알아주었죠. 교리 공부하면서 마음도 달래고 신앙생활 덕을 많이 봤어요. 또 벗이 있지. 박동운이라고 그 사람은 농협 계장으로 있다가 6·25 때 행방불명된 아버지가 집에 왔다 갔다고 간첩으로 잡혀 들어왔어요. 서로 의지했지. 광주교도소에서 보안법(으로 들어온) 아이 하나가 세탁소에서 일했거든. 나하고 박동운이를 특별히 챙겨. 우리 방에 이불을 좋은 걸로 두 개 딱 갖다놔. 제일 좋은 구석자리에서 좋은 이불 덮고 잤지. 겨울에도 춥지 않애. 게난, 재판받을 때까지는 고통스러웠지만, 그 안에서는 운동 같이하고 책도 보고 참 좋은 생활을 했어요. 벗이 있으니까. 그때 같이 광주교도소에 있던 보안법들은 제주도 오면 지금도 날찾아. 그 사람들 오면 안내하고 식사 대접하고 나 참 잘했어요."

책, 산, 바다, 사람, 말하기… 그를 도와준 것들의 목록

인간이란 약한 존재이므로 늘 기댈 곳이 필요하다. 누군가의 어깨를 빌려 숨 고르거나 지나가는 말 한마디를 붙잡고 의지한다. 한 사람이 살 만한 시간을 산다는 것은 다른 사람의 존재에 기대어 살았다는 말과 같다. 그가 다소 견딜 만한 옥살이를 하기까지 교도소 안에서 호의를 베푼 이들도 많지만 밖에서 뚝심 있게 버텨준 부인의 역할이 컸다. 김평강의 부인은 남편이 광주교도소로 잡혀가던 날 곧장 원당사로 들어갔다. 집에는 왔다 갔다만 하고 남편이 나올 때까지 7년을 절에서 거의 살았다. 매일 백팔배를 하고 가끔 천배도 했다. 극진함이 통했다는 믿음, "그러니까 그 안에서도 좋은 데 있었나보다"라고 당당히 말한다. 때와 장소를 가리지 않았다. 절에서는 남편의 무사함을 위해 기도하고 저잣거리에서는 남편의 결백함을 위해 싸웠다.

"나 들어간 후에 집사람이 나 고문했던 김 형사를 길에서 봤대. 게난 '너 멀쩡한 사람 간첩 만들어놓고 잘 사냐' 막 큰 소리로 따졌대. 시장에서든 버스간에서든 우리 집사람만 보면 형사들이 도망가고 그랬다고 하더라고요."

김평강 부인의 '진실 말하기'가 마을 사람들에게 큰 인상을 남겨준 게 사실이다. 저 사람이 저 정도로 하는 거 보니까 정말 뭔가 있나보다 하는 심정적 동조를 공동체에서 얻어낸 것이다. 출소 후 김평강이 제주에서 '간첩'이 아닌 '고향 사람'으로 대접받고 살 수 있는 입지는 그렇게 서서히 마련되었다.

　김평강은 출소 후에야 감옥살이를 실감했다. 매달 한 달간 일과를 적어서 경찰서에 보고했다. 사복형사들이 몰래 감시하고 따라다녔다. 형사들이 미행하는 그와 그의 가족들은 더러 이웃에게 냉대를 받기도 했다. 수시로 따라붙는 감시의 시선에 늘 뒤통수가 따가웠다. 불면의 밤이 늘어갔다.

　"죄를 안 졌지만 나오니까 이상해. 밤에 잠이 안 오고. 딴 사람이 나를 이상하게 생각 안 하는가 싶고. 동창들은 어떻게 해서 이런 일이 있냐고 하면서 안타까워하고요. 억울해서 잠을 못 자겠더라고. 게난, 화가 올라와서 목이 빨갰어요. 하루는 새벽에 일어나서 봄비 맞으면서 사라봉에 올라갔다 내려왔지. 컴컴한 새벽에 산에 혼자 우두커니 있으니까 위험해 보였나봐. 지나가던 경찰이 살아야죠, 자살하지 말아야죠 그래. 난 운동하려고 온 거라고 둘러대고. 그때부터 잠이 안 오면 사라봉을 다녔어요. 내 심정을 아무도 몰라. 집사람이 생활력이 강하고 나한테 잘해줘도 남자 일은 다 모르잖아요. 동문들이랑 이야기하고 밥 먹고 그러면서 마음 많이 달래고 그랬어. 서로 이야기하다보면 감정이 누그러져요. 나 자신이 낙천적으로 잊어버리기 위해 열심히 노력도 했지. 책도 읽고 사람들 자꾸 만났더니 목 빨간 것도 내려가고 책을 읽으면 마음이 점잖애지고."

　책, 산, 바다, 사람, 그리고 말하기. 그의 일상 복귀를 도와준 것들의 목록이다. 특히 그는 말할 대상이 절실했다. 자신의 죄 없음, 억울함, 막막함, 허무함, 살 만함, 감사함 같은 감정의 치밈과 요동을 터놓아야 했다. 답답했으니까. 그리고 한 존재가 말하기 위해서는 들어주는 사람이 필요하다. 말할 권리는 그래서 곧 들릴 권리이기도 한 것이다. 말해질 수 없는 말을 들어준 사람들, 그러니까 그가 삶의 자리로 되돌아오는 데 가장 힘이 되어준 존재로 그는 오현고등학교 동문을 꼽았다.

"우리 동문은 나를 요만큼도 의심하는 사람이 없어. 어머니하고 나하고 산 걸 그동안 다 봤잖아요. 우리 어머니가 절대 나쁜 짓 못하고 남을 속이는 짓 못하게 나를 엄하게 키웠고 그걸 친구들은 알지. 내가 싸움하고 이런 성질이 아니에요. 막 뭘 못해. 동창회 하다보면 다툼도 있지만 내가 언제나 중재하지요. 아이들 앞에서 욕 한번 안 해본 사람이야."

출소하고 3년이 지났을 때다. 안기부에 근무하던 고등학교 동창이 지부장이 되어 제주에 내려왔다. 그 동창의 도움으로 김평강은 보호관찰이 해제됐다. 법무부로부터 사면복권장이 날아왔다. 간첩의 올가미로부터 벗어나기까지, 어떤 제도나 논리보다 제주 사람들이 힘을 발휘했다. 그가 살아온 날들의 행적을 기억하는 이들의 실천적 용기였다. 간첩사건과 연루되면 가까운 친지조차도 얼굴을 돌리는 판국이었음을 감안하면 그가 받은 절대적 지지와 환대는 눈물겨운 것이었다.

아버지는 빨치산한테 죽고 아들은 간첩으로 잡혀가고

착하고 부지런한 게 신용이다

　　자유를 되찾은 김평강, 그는 의욕적으로 새 일을 도모했다. 해남에서 단호박을 재배해서 일본에 파는 무역업으로 시작해 양파, 양배추까지 수출했다. 웬만큼 운영되던 사업체는 6년째 되던 해 고베 지진으로 어려움을 겪다가 부도가 나버렸다. 억 단위의 금전적 손해로 은행 빚이 남았다. 빚을 갚기 위해서 다시 일본행을 택했다. 그의 나이 예순. 정년퇴직하고 일선에서 물러날 나이, 김평강은 일터를 찾아 바다를 건넜다. 아내와 함께 일본에 관광비자로 입국해 김치 공장을 차렸다. 그렇게 10년을 보냈다.

　　"그간 합치면 동경에서 23년을 살았어요. 일본 사람들은 솔직하고 자기를 죽여. 말투도 거칠지 않고, 길 가다가 부딪쳐도 '아이고 미안합니다' 하지, '이 새끼가!' 하면서 발끈 안 해요. 경찰도 누가 술 마셔서 자빠지면 주소 물어서 집까지 데려다주고. 정치하는 사람들은 아니라도 국민들은 참 좋아요. 질서 잘 지키고. 일본에 가면 딴 거 없어. 착하고 부지런한 게 신용이에요. 돈 많은 거보다도 그게 우선이야. 게난, 없는 사람이 살기 좋지요. 또 제주 사람들이 마음이 적어. 큰 사업을 하질 못하고 적게 벌고 저장하고. 나이 많은 할머니들이 돌아갈 때 보면 따로 모아둔 돈이 다 있어. 생활력이 아주 강해요. 제주 사람 억세지."

　　착하고 부지런하면 최소 생활이 보장되는 곳. 일본은 생활력이 강한, 부지런한 제주 사람에게는 더없이 좋은 삶의 터전이었던 것이다. 살길 찾아 일본에 있을 때 김평강의 광주교도소 단짝 박동운은 재심을 청구해 무죄를 선고받았다. 그 소식을 전해 들은 아들에게 연락이 왔고 그도 일본에서 제주도로 네 차례 오가며 재판을 시작했다. 시작은 희망적이었고 결과도 희망적이었다. 판사는 무죄를 선고했고 검사는 항소하지 않았다.

"재판 끝날 때 기분이 날아갈 거 같애. 아무것도 안 보여. 하도 기분 좋으니까 뭐 이거 해도 기분 좋고. 걸어가도 발걸음도 가볍고. 게난, 제주 친구 광보에게 전화했지. '나 무죄받았댄!' 동창회에서도 무죄받았다고 말하고 동창들이 박수 치고 너 고생 많았다고 그러고. 동네에 가서도 나 무죄라고 다 말하고. 어딜 가더라도 떳떳해."

제주 사람이 화평하게 살기 위해 그런 짓 말아야지

제주의 명문, 오현고등학교. 당시 제주의 유일한 인문계 고등학교였다. 그 자랑스러운 오현고 교복을 입고 다니는 김평강을 보면 마을 사람들은 말했다. "저놈이 커서 훌륭한 사람 됐으면 좋겠다." 훤칠한 용모에 총명한 두뇌를 가진 그는 어른들의 기대를 한 몸에 받았다. 그도 공부를 게을리하지 않았다. 명문대 진학을 위해 서울로 가서 대입시험을 치렀고 합격했다. 그러나 서울로 유학을 가기엔 너무 가난했다. 등록금은 어떻게 마련한다고 해도 책값과 하숙비가 나올 곳이 없었다. 입술을 깨물며 입학을 포기했다.

"그땐 제주도 있고 싶지 않데요. 육지 가서 공부하고 싶고…… 젊어서는 서울 가서 뭐라도 해보려고 발버둥 쳤는데 이젠 안 그래. 구태여 복잡한 도시 아파트 속에서 사나. 여기가 벗들이 많고 좋지. 지나고 보니 그래. 공부만이 제일이 아니에요. 자기가 할 수 있는 거, 생활할 수 있는 거, 그걸 하는 게 나은 거 같아. 아이들도 부모가 해라해라 하는 거 하지 말고 자기가 하고 싶은 걸 해야 돼. 우리나라 부모들은 자식을 너무 과보호하잖아요. 독립심을 키워야지 그게 중요하더라고요. 서울 가서 공부하고 성공한 사람들은 남 돼버려. 부인들이 육지 사람이니까 육지 사람 돼버려. 제주도를 안 내려와. 부모를 안 모시지. 서울대학교 나온 애들도 부모 안 모셔요. 공부 못하는 사람들이 남아서 효자 노릇하고 그래요.

제주도 사람들이 그렇거든. 배타적인 성격이 있어요. 원래 도둑이 없어. 어릴 때 보면 동네에 문도 열어두고 다 나가. 근데 육지에서 온 엿장사가 돌아다니다가 먹을 게 없으면 훔쳐가고 초가집 하나 빌려서 밥해 먹고 그랬어요. 그래서 육지에서 온 사람을 의심하고 배타적인 성격을 갖게 된 거지. 지금은 안 그래요.

제주 사람들 기질이 서민적이고 남을 속이려 안 해. 도시

는 사람들이 많다보니까 나쁜 사람도 있고 좋은 사람도 있는데,
제주는 아니야. 나쁜 마음을 안 갖고 살게 해. 제주는 돌다보면
바닷가 어디나 다 좋아요. 일출 나올 때나 해질 때 보면 참 자기
도 모르게 명상에 잠기고 그래요. 마음이 포근해지고. 제주 삶
을 그대로 보존할 수 있으니까, 제주에서 살다가 제주에서 마감
하니까 좋지."

　　제주는 빛깔로 기억된다. 유채꽃 흐드러진 노란 섬으로,
눈 덮인 한라산의 순백의 섬으로, 옥빛 바다를 두른 푸른 섬으
로, 무연히 너른 품 내어주는 초록 대지로, 머리카락 휘젓는 바
람의 잿빛 섬으로, 제주는 천연덕스럽게 얼굴색을 바꾼다. 그곳
에서 자란 그에게 제주의 바탕색은 붉다. 마을에 진동하던 일제
사격의 총소리, 저물녘까지 번지던 비명과 통곡의 소리의 기억
을 안고 살아갔고, 살아가는 일이 버거울 때면 바다에 번지는
붉은 노을을 보면서 마음을 추슬렀다. 이 세상 살아보니 좋기만
한 것도 나쁘기만 한 것도 없음을, 때론 난폭하고 때론 다정하
게 구는 제주의 자연은 일러주었다.

　　3년 전 위암 수술을 했는데도 이상하게 두렵지 않았다는
그. 수술실에 입구에서 걱정 어린 눈으로 쳐다보는 친지들에게
걱정하지 말라고 웃으면서 들어갔고 다행히 수술이 잘됐다. 언
제 가도 가는 인생. 조금 이르거나 조금 늦어지는 죽음이 있을
뿐이 아니던가, 그는 생각한다. 지금으로서 바람은 그저 한 여
든다섯 살까지만 살고 싶다. "부모한테 말하지 못하는 돈이 꼭

필요하니까" 용돈이 궁하면 언제나 전화하라고 귀띔해둔 손자를 위해서라도 든든한 할아버지로 조금 더 있어주고 싶다. 그리고 무엇보다 죽기 전에 꼭 하고 싶은 일, 해야 할 말이 있다.

"민사재판까지 최종 판결 나면 김 형사 찾아가서 말하려고요. 우리가 간첩 아니라 당신들이 제주도 사람을 간첩 많이 만들어서 제주도민에게 불안과 공포를 심어주었다. 당신들 책임 아니냐. 교포들이 전부 간첩이면 어떻게 되냐고. 제주도 사람이 화평하게 살기 위해서는 다시 그런 짓을 하면 안 된다고. 나도 싸우고 싶은 마음이 한두 번이 아니라고. 나 나오니까 형사들이 와서 잘못했다고 말해요. 직접 나를 고문한 담당은 아니지만. 계장은 어쩔 수 없었다고 사과를 한 분도 있어.

게난, 그때 당시는 원한이 많았지. 시대가 그러다보니 이해하고 서로 앉아서 이야기도 하는 거지. 원수를 사랑하라는 말이 어려운 일이에요. 그런데 원한을 품고 살면 그것도 나쁘지. 악한 사람도 좋게 만들려면 상대방이 서로 노력해야 악한 사람도 선인이 되지. 억울하고 원망스럽고 원한을 품어서 복수하려 하지 말고, 그런 마음이 생기지만 상대방을 이해하고 화해하는 게 좋지 않나. 자식은 또 어떠냐고. 싸우면 자식까지 서로 원수가 되니까. 원한은 있지만 상대방을 싸움으로 하지 말고 말로 좋게 화해하는 게 다음 세대들이 행복한 거예요."

1981. 4. 18. 연행

1981. 6. 8. 제주지검에 송치

1981. 7. 4. 공소 제기 제주지방법원(81고합77) 재판에서 징역 15년, 자
격정지 15년형 선고

항소심인 광주고등법원(81노986)에서 징역 7년 및 자격정지 7년
선고

대법원에 상고했으나 기각, 형 확정

2012. 11. 30. 광주고등법원 재심 신청

2014. 11. 13. 광주고등법원 무죄 선고 확정

아버지는 빨치산한테 죽고 아들은 간첩으로 잡혀가고

자기 생각 없인
못 사는 사람,

꼭 지켜주고 싶었다

이정미, 고 심진구

당신을 사랑하는 일보다 더 나은 일은 알지 못하노라.

- 잉게보르크 바흐만

1980년대 구로공단은 뜨거웠다. 파업 전야를 외치는 붉은 머리띠와 구호가 넘실대고 노동법을 공부하고 토론하는 목소리가, 노래를 부르고 풍물을 치는 쩅쩅한 소리가 곳곳에 울려퍼졌다. 그 생동하는 현장에서 심진구와 이정미가 만났다. 심진구가 손수 그린 성탄절 카드를 이정미가 팔면서, 파업이나 임금 인상 같은 현안을 어떻게 풀어갈지 머리를 맞대며 정분을 쌓았고 이듬해 부부의 연을 맺었다. 혼인신고도 하기 전인 1986년 12월 어느 날 "영화에서 보는 것처럼 집 앞에 세워진 검은 차에서 신문을 보던 두 남자가 내리더니" 심진구를 끌고 갔다. 한 달 후 그는 '친북한 반미 공산혁명을 위한 민족해방노동자당' 사건 전향 간첩으로 TV 앞에 섰다. 이 일로 '안기부에 협조했다'는 꼬리표가 달린 심진구는 노동운동판으로 돌아가지 못했다. 세상 사람들은 빨갱이라고 손가락질했다. "이쪽도 저쪽도 서지 못했다." 외계인처럼 뚝 떨어져 살아온 세월. 이 절대적 고립과 빈곤에 놓인 이정미는 사랑을 배웠다. 책을 손에서 놓지 않던 공부하는 사람, 두 딸을 자기의 그림에 그려 넣던 다정한 사람, 모두가 등 돌리지만 꼭 지켜내고픈 사람이 그였다. 간첩 혐의로 불법 구금과 고문을 당한 지 20년 만에 심진구는 국가폭력 피해자 증언대회에 섰다. 당시 수사관 정형근과 네 명의 고문기술자들 얼굴을 캐리커처로 그려 고발했다. 불의에 입 다물지 않고, 일하는 사람이 존중받는 세상의 꿈을 버리지 않았던 심진구는 2014년 췌장암에 걸렸고 곧 세상을 떠났다. 깊은 사유로 늘 일깨움을 주던 스승이자 남편, 선진 노동자의 임무를 다한 동지 심진구가 남겨준 정신의 지침을 따르며 이정미는 오늘도 살아간다.

영화에 나오는 것처럼 남자들이 남편을 잡아갔다

"구로3공단 서광모드라고 '까뜨리네트' 여성복 만드는 업체에서 미싱을 했어요. 대우어패럴에 있다가 서광으로 갔는데 해고를 당했죠. 그 당시 악덕 기업에 반대하는 노동운동이 결집되는 분위기였어요. 역사적으로 다 호응했다는 걸 어느 누구도 부인할 수 없어요. 한참 파업 일어났을 때 남편을 만났어요. 1985년 11월 즈음인가 서광에서 해고자 모임에 나갔다가 구로지역 노동자 모임이랑 합류해서 남편을 처음 봤죠. 그 당시에 남편이 그림을 그렸어요. 크리스마스 때가 되면 손으로 카드를 그려서 팔았어요. 지금은 안 믿기겠지만 손으로 카드를 그려서 가게에 위탁 판매하는 시절이었거든요. 12월 초부터 가게에 카드를 맡기고 다니면 사람들이 미리미리 산단 말이에요. 선배 언니들이 저희가 어렸으니깐 친구하고 나하고 두 명을 딱 뽑아서 저쪽 팀에 카드를 그리는 사람이 있는데 그 사람을 만나서 카드를 가지고 오라고 해서 처음 만나게 된 거예요.

처음엔 안 간다고 했어요. 저도 고집이 있었거든요. 내가 왜 언니들이 시키면 시키는 대로 해야 돼? 왜 언니들이 연결해주는 데만 다니고 그래야 해? 이런 반항감.(웃음) 그런데 언니가 끝까지 가라는 거예요. 결국 카드를 받아와서 팔았죠. 주말에 날 정해서 그 카드하고 커피, 오징어, 곤로까지 보자기에 막 싸가지고 새벽 5시에 첫차 타고 관악산에 갔어요. 입구에서 운동이나 등산 온 사람들한테 파는 거예요. 카드 판 돈으로 동료 중에 아버님이 아프셨던 사람 약값 주고, 해고를 당한 사람들 생활비로 주고, 나머지는 카드를 만든 분한테 조금 드려야 하잖아요. 근데 선배들이 또 저를 보내는 거예요! 돈 갖다 주면서 알게 됐죠.

그때 제 첫인상을 나중에 남편이 이야기하더라고요. 처음 만났는데 무슨 여자애가 옷을 이렇게 다섯 여섯 겹으로 입었더라고. 새벽이고 너무 추우니깐 콧물이 막 나왔겠죠. 감기 들어도 젊은 혈기에 약도 제대로 안 먹고, 콧물을 나도 모르게 그냥 옷으로 닦았나봐요. 한참 멋 부릴 나이에 일단 이단 삼단 껴입은 옷소매에 코를 묻혀서 반딱반딱했다고.(웃음)"

그해 구로독산지역선진적노동자회 송년회에서 두 사람은 또 마주쳤다. 두 번째 만남. 여럿이 둘러앉아 심진구가 쓴 〈선진 노동자의 임무〉라는 문건을 돌려 보았다. 이정미도 슬쩍 넘겨보았다. '철학과 과학의 노동자화' 같은 구절이 눈에 띄었는데 좀 어려워 보여 큰 관심을 갖지 못했다. 해고나 파업 같은 각자 공장의 문제가 워낙 시급했다. 그 자리의 대화 주제도 곧바로 문건에서 현장으로 바뀌었다. 이런저런 모임을 계기로 지속적으로 만나다가 다음해 1986년 11월 2일 결혼식을 올렸다. 한 달이 지난 즈음, 데면데면한 동지에서 알콩달콩한 신혼부부가 된 두 사람이 두 손 꼭 잡고 크리스마스카드를 팔고 들어오는 길이었다. 해가 저물어 사위가 어둑어둑했다.

"느낌이 이상한 거야. 집 앞에 왔는데 검은색 차에서 영화에 나오는 것처럼 남자들이 신문을 요래 보고 있어요. 그래도 긴가민가하고 집 안으로 들어갔다가 느낌이 이상해서 다시 나가는데, 수사관들이 잡아간 거죠. 그때 나랑 남편이랑 도망가려고 막 달렸는데 한 200미터 갔나. 내가 달리기를 못하니깐 수사관들이 내 머리채를 확 잡으려고 하니까 남편이 뒤돌았다가 나를 보고 걸음을 딱 멈추더라고요. 그리고 남편이 끌려갔는데 어디로 왜 잡혀갔는지 처음에는 몰랐어요. 기관으로 끌려갔다는 건 알겠는데 그게 어디인지는 모르겠는 거예요. 저희 시어머니는 하도 답답하니까 점집까지 찾아가서 알아봤다니까요."

독학 고졸 노동자와 운동권 대학생의 인연

심진구는 1960년생으로 경기도 안성에서 태어났다. '한강의 기적'으로 불리는 한국 경제의 압축 성장기에 아침마다 들려오는 새마을운동 노랫소리에 눈뜨며 성장기를 보냈다. 그가 열 살이던 1970년 평화시장 노동자 전태일은 "근로기준법을 준수하라" 외치며 분신했다. 하루 15시간 근무는 기본이고 잔업과 철야, 휴일 근무도 모자라 잠 안 오는 약을 먹어야 했던 장시간 저임금의 열악한 노동현실을 몸을 태워 고발했다. 전태일의 죽음은 노동자의 각성을 일으켰고 그 다음해 노동 쟁의가 전년 대비 10배가 늘었다. 이는 대학가에도 영향을 미쳤다. '대학생 친

자기 생각 없이 못 사는 사람, 꼭 지켜주고 싶었다

구 하나 있었으면' 하던 전태일의 바람이 불씨가 되어 노학(勞學)연대투쟁은 1970년대 전체를 관통한다. 심진구는 바깥세상에 관심이 많았다. 그리고 감히 알려고 했다. 고교 시절에 이미 역사책과 철학책을 즐겨 읽었고 마르크스주의 비판서까지 찾아보는 등 인식의 깊이를 확보해나갔다.

스무 살이 됐을 때 1980년 5월 광주민중항쟁이 발생했다. 온 세상이 암흑이었다. 모든 TV와 라디오에서 음악만 나오던 시절이었다. 〈이문세의 별이 빛나는 밤에〉를 좋아했던 그는 방송을 들으려고 우연히 채널을 돌리다가 북한 방송을 접했다. 서울과 달리 지방에선 일반 라디오로도 비교적 쉽게 북한 대남방송을 접할 수 있었다. 거기에서 광주항쟁에 관한 소식이 나오고 있었다. 어디서도 들을 수 없는 소식이 전해졌다. 이때부터 심진구는 북한 방송을 접했고 1년간 〈김일성 방송대학 주체철학 강좌〉를 들었다. 모든 철학이 그러하듯 인간다운 삶이란 무엇인가, 좋은 세상은 무엇인가 같은 지극히 도덕적인 물음을 던지는 내용이었다.

1984년 1월, 군복무를 마친 그는 구로공단에서 일자리를 찾았다. 마침 서울대학교에 다니는 고등학교 친구가 구로동에서 자취를 하고 있었고 거기서 일주일간 머물렀다. 그때 친구의 대학 후배인 김영환이 놀러왔고 자취방에 있던 심진구와도 자연스레 인사를 나누었다. 세 사람은 금세 가까워졌다. 심진구의 친구와 김영환은 둘 다 군 입대를 앞두고 있었다. 특히 김영환은 군대 가기가 두렵다며 전방에 있다가 제대한 지 얼마 안 된 심진구에게 이것저것 물었다. 전방은 어떤지, 북한이 대남 선전 방송을 하는지, 삐라는 보았는지 등등. 심진구도 대학생 친구들에게 궁금한 것을 질문했다. 군복무 중 뉴스에서 보았던 1982년 부산미문화원 방화사건이 왜 어떻게 일어난 건지, 학생운동은 어떤 것인지 같은 것들. 심진구가 고향에서 올라와 친구의 자취방에서 자고 가는 날이 빈번해지자, 그들의 대화는 더욱 깊어졌다. 지적 호기심이 강한 젊은이들은 사상학습을 함께하고 세상에 대한 관심사를 나누었다. 1985년 하반기에 심진구와 김영환은 넉 달 동안 구로공단 부근에서 함께 자취를 하며 노동운동에 관한 세미나를 하기도 했다.

그러던 어느 날 김영환이 심진구를 불러냈다. "나랑 정00가 북한 방송을 녹음하고 녹취한 일이 있는데, 이게 문제가 될 것 같다. 잘못하면 간첩이 될 수도 있다"며 조심하라고 말하곤 홀연히 사라졌다. 심진구는 뭔가 모르게 께름칙했다. 얼마 후 신문에서 김영환이 부산에서 검거됐다는 기사를 읽었다. 직감이 왔다. '내가 체포될 수도 있겠다.' 하지만 걸릴 게 없었다. 결혼을 해서 신원이 확실하고 크게 문제가 될 일도 없으니 피하지 않았다. 삼립식품을 다니다가 그만두고 다른 일자리를 찾으면서 임시로 크리스마스카드를 만들어 팔고 있었다. 1986년 12월 10일 오후 5시, 그날도 평소처럼 카드를 만들어 안양 지하상가에 맡기고 들어오는 길에 아내와 동네 주민들이 보는 가운데 바로 수갑이 채워진 것이다. 어떤 설명도 없었다. 검은 차에서 내린 그들이 심진구에게 던진 말은 딱 한마디다. "네가 심진구냐? 김영환이 다 불었다."

"며칠 후 어디서 연락이 왔어요. 앰배서더 호텔로 남편 만나러 오라고. 그때야 남편이 안기부로 잡혀간 걸 알았어요. 호텔방에서 봤는데 남편이 완전히 사람 몰골이 아닌 거예요. 호텔방이라고 해서 나는 화려할 거라고 생각했어요. 그런데 느낌상 어두컴컴하고, 약간 어두웠던 것 같아요. 아무리 생각해봐도 밝게 생각이 안 들어요. 어두침침했던 것 같아요. 남편이 머리가 곱슬이에요. 딱 봤는데 공사장에서 드릴을 뚫으면 벽에서 막 가루가 나오잖아요. 그 시멘트 가루 같은 게 머리에 뿌려져 있는 것 같았어요. 머리가 자라면서 부스스해서 아휴 그런 몰골로 나오니까 너무너무 놀래버렸어. 많이 놀랐어. 고문당해서 맞다가 나온 거겠지만…… 객실에서 20여 분 정도 아주 짧게 면회를 했지요. '잘 있냐' '이렇게 죽지는 않고 살아는 있다' 그런 얘기를 잠깐 했고, 다음 장면으로 넘어가서 생각이 나는 게 백화점이나 빌딩에 주차장에서 차가 나오는 출구가 있잖아요. 거기에 서 있었어요. 그 사람들이 그 차를 가지고 나오는 동안 1분인가 시간이 있었어요. 남편이 빠르게 말해요. '나를 간첩으로 몰고 가고 있다. 이 사실을 사람들에게 알려라.' 그 말을 듣고 나는 아예 주저앉았어요. 첫눈인지 뭔지, 그때 눈이 살짝 내렸던 것 같아. 그 기억이 콱 박혀 있어."

그러나 너의 얼굴은
어둠에서 불빛으로 넘어가는
그 찰나에 꺼졌다 살아났다
너의 얼굴은 그만큼 불안하다

- 김수영 시 〈사랑〉 중

벗을 만난 것을 후회한다

집 앞에서 끌려간 심진구도 자신의 행로를 알지 못했다. 하얀 담장을 지나 건물의 좁은 길을 통해 지하로 내려갔다. 수사관들이 시키는 대로 군복으로 갈아입었다. 군복을 입은 채로 한 층 정도 더 내려가자 복도 끝에 있는 심문실이 나왔다. 그 방에 들어서자마자 그들은 옷을 벗으라고 명령했다. 팬티 하나 걸치지 않은 알몸 상태에서 수사관 10여 명이 달려들었다. 그들은 아무 말도 하지 않았다. 무조건 두들겨 팼다. 여기저기 닥치는 대로 주먹을 날리고 발로 찼다. 한 수사관이 말했다.

"너 여기가 어딘 줄 알아? 여기가 국회의원도 잡아다가 줘 패는 데야. 옛날 중정 알아? 여기가 안기부야."

심진구는 자신이 국가안전기획부 요원들에게 잡혀왔고,

자기 생각 없인 못 사는 사람, 꼭 지켜주고 싶었다

그곳이 안기부 조사실이란 사실을 알았다. 심진구는 구로독산 지역선진적노동자회를 꾸렸고 같이 활동했던 박영진 열사(1986년 노동3법 보장을 요구하며 분신자살한 신흥정밀 노동자) 장례를 주도한 적이 있다. 그 일로 잡혀왔겠거니 생각했는데 아니었다. 국가보안법 위반 혐의였다. 간첩죄? 상황은 점점 미궁에 빠져들었다. 수사관은 두꺼운 서류 뭉치를 내밀고 다짜고짜 물었다.

"너 강철 시리즈 알아? 네가 이거 쓴 거 아냐?"

'강철 시리즈'는 그해 봄 대학가를 발칵 뒤집어놓은 유인물로 김영환의 작품이다. 그 제작자를 잡으려고 안기부뿐만 아니라 기무사, 경찰 등 모든 수사기관이 몇 달 동안 추적했다. 안기부가 어렵사리 부산에서 김영환을 체포했고 그를 심문하는 과정에서 심진구 이름 석 자가 나온 것이다. 강철 시리즈에는 심진구가 쓴 〈선진 노동자의 임무〉라는 글도 실려 있었다. 자신의 글이 실린 것도 모르고 〈강철서신〉을 본 적도 없는 심진구는, 강철 시리즈를 아느냐는 말에 대답할 내용이 없었다. 수사관들은 그럴수록 의심했다. 고졸 출신 노동자가 운동권 대학생과 세미나를 하고 노동운동을 조직한 점, 북한 방송을 청취한 점 등을 수상히 여겨 심진구를 김영환과 선이 닿은 북한 공작원일 것으로 유추했다. 그렇기 때문에 그가 모른다고 대답할 때마다 거짓말을 한다고 몽둥이로 사정없이 내리쳤다.

"〈선진 노동자의 임무〉도 니가 썼지?" "고등학교만 나온 놈이 어떻게 이런 걸 쓰고, 마르크스-레닌주의를 어떻게 알아?" "니 뒤에 고정간첩 있지?" "김영환도 그게 의심된다고 했어." 수사관은 아무 말이나 막 던졌다. 그래도 원하는 답이 나오지 않자 고문의 강도를 높였다. 성기를 책상 위에 올려놓고 내려쳤다. 몽둥이로 목을 졸랐다. 피가 흘러나와 바닥에 고이면 고인 피를 심진구는 스스로 막대걸레로 닦아 손으로 짜냈다. 수사관이 고문하다 지쳐서 잠깐 쉴 때 이런 소리도 했다.

"니가 쓴 〈선진 노동자의 임무〉는 북한 방송 듣고 쓴 건 아닌 것 같더라. 니가 쓴 건 읽기도 쉬워. 강철 시리즈랑 달라 보이긴 해."

그것도 잠시, 고문이 길어질수록 새로운 혐의들이 '발명' 되었다. 군대 시절 전방 근무의 기억을 살려 노트 한 장에 그린 그림이 경기도 안성 본가에서 발견되자 수사관들은 그걸 '월북 루트 지도'라며 제3자를 대동해 이북에 갔다 왔다는 식으로 몰아붙였다. 점입가경의 상황. 하루에 한두 시간밖에 못 자는 날이 수십 일 이어지고 성기 고문까지 당하자 심진구는 자포자기의 심정이 됐다. '그냥 간첩이라고 말해버리고 이 고문을 끝내자.' 정신이 혼미한 가운데 어렴풋이 이런 말도 들렸다.

"네 뒤에 수십 명의 고정간첩이 있지. 빨리 불어. 그래야 우리가 일 계급 특진하지!"

37일간 모진 고문을 당한 심진구는 1987년 1월 15일 서울구치소로 이송됐다. 지역노동자동맹이라는 반국가단체를 만들려고 했다는 혐의에다가 북한 방송 녹취록과 마르크스-레닌

자기 생각 없인 못 사는 사람, 꼭 지켜주고 싶었다

주의 서적을 갖고 있었던 점 등이 더해져 국가보안법 위반 혐의로 구속 기소됐다. 1987년 1월 14일은 박종철이 고문으로 사망한 날이기도 하다. 며칠 후 안기부 요원들이 구치소에 찾아왔다. 운동 시간이라 다른 수감자들은 나가고 그가 혼자 있을 때 수사관들이 다가왔다.

"너 TV에 나와서 기자회견 좀 해야겠다. 만약 거부하면 간첩죄를 걸어서 청송감호소로 보낼 거다. 평생 감옥에서 썩어볼래? 그러면 네 아내가 어떻게 되는 줄 알지?"

심진구는 순간 아직 혼인신고도 못한 불쌍한 아내의 얼굴이 떠올랐다. 너무도 미안했다. 나중에 억울함을 풀더라도 지금은 일단 살아서 이곳을 빨리 나가는 것이 최선이겠다고 판단했다. "TV 기자회견해라. 그렇지 않으면 무기징역을 때리겠다." 수사관들은 수시로 와서 협박의 말을 던지고 갔다. 당시 정국은 박종철 고문치사 사건으로 민감해져 있었기 때문에 그가 고문당한 사실이 밝혀져서 더욱 시끄러워지면 그 불이익이 더 크게 돌아올지도 모를 일이었다. 저들에 의해 간첩으로 만들어질 수 있겠다는 공포심 때문에 심진구는 결국 안기부 수사관들의 요구에 응하기로 마음먹었다. 심진구는 수사관들이 불러주는 대로 적었고, 기자회견 발표 연습도 했다. 용모단정하게 보이도록 머리도 깎았다. 그들이 원하는 대로 안기부 요원들에게 둘러싸인 가운데 KBS와 MBC 카메라 앞에 섰다. 그때가 1987년 2월. 심진구의 기자회견 장면은 서울지검 공안부 수사 발표

시점에 맞춰 전국에 방영됐다. 이에 대한 대가로 심진구는 국가보안법 제7조 제3항 이적표현물 제작 및 배포 혐의만 인정되어 1심에서 집행유예를 받았다. 집 앞에서 끌려간 지 4개월 열흘 만인 4월 20일 출소했다.

그로부터 26년이 지난 2012년 11월 서울중앙지법에서 이 사건의 무죄를 선고받았다. 무죄 선고 직후 소감을 묻는 질문에 심진구는 이렇게 답변했다.

"김영환을 만난 것을 후회한다."

모두가 외면했지만 내가 지켜주고 싶은 사람

"남편이 붙잡혔다 나올 때만 해도 제가 20대예요. 스물넷이었으니깐 너무 철이 없는 거예요. 그때는 정치적인 생각 같은 거 전혀 없이 그냥 떠나고 싶었어요. 우리나라에서 제일 끝으로 떠난 게 부산이었죠. 돈이 더 있었으면 제주도로 떠났을 거예요. 부산이 제 여건에서 최대한 멀리 갈 수 있는 곳이었어요. 근데 거기서 몇 달 살지도 못하고 이사 왔어요. 친척이 남원에서 제과 회사를 해서 거기에 소장 직으로 몇 달 있다가 다시 안성으로 와서 좀 있다가 안산으로 왔어요. 남편이 잡혀갔다 나온 뒤로는 노동운동도 제대로 할 수 없게 됐어요. 이쪽도 저쪽도 서지 못하게 됐고. 그 사람들의 전략이죠. TV에 나오고 이러다

자기 생각 없인 못 사는 사람, 꼭 지켜주고 싶었다

보니깐 이쪽에서는 전향했다고 오해를 하고…… 초창기에는 너무 힘들고 경제적 압박이 컸어요. 아이가 생기고, 아무것도 없고, 부모님이고 뭐고 친정에서도 힘이 안 되고 방치하다시피 했어요. 그때 그 사건 이후로 모든 세상 사람들이 다 그랬던 것 같아요. 관계가 다 끊어진 거예요. 우리는 외계인처럼 뚝 떨어져 가지고 네 가족만 살았어요. 망망대해에 아무도 없고 우리만 배에서 파도치는 고비를 넘기면서 살았어요."

이정미의 고향은 경기도 화성군 팔달면으로 집성촌이다. 할아버지 일가친척들이 동네를 만들었다. 바다를 메우는 간척 사업이다. 현대그룹 정주영 회장이 이어받아서 남양만 간척사업을 하면서 그의 집안도 상당한 부를 쌓았다. 이정미의 아버지는 외동아들로 귀하게 컸다. 언젠가는 땅 문제 때문에 이장이 찾아와 이렇게 말했다. "자네 아버님은 무를 어떻게 심고 가꾸는지 과정을 몰라. 그냥 무인 줄만 알아." 그 아버지가 먼저 돌아가시고 어머니는 아홉 살 때 세상을 떠났다. 2남 4녀 중 막내 딸인 이정미는 부모의 빈자리를 크게 느끼지 못했다. 형제자매와 친척이 많아서 외롭지 않았다. 또 집안 분위기가 완고했다.

"어렸을 때부터 여자는 한 번 시집가면 끝까지 절개를 지켜야 한다는 정신교육을 받으며 자랐거든요. 그래서 이 어려운 사람하고 끝까지 살았나보다 하는 생각이 들어요. 내 속에 인내하고 견디는 나도 모르는 내가 있나 싶기도 하고요. 걸음걸이 하나도 조신하게, 집에 손님이 오시면 여자들이 여기서부터 저기까지 다 무릎을 꿇고 있는 교육을 받았어요. 정말로요. 그래도 제가 제일 개방된 편이에요. 연애를 제일 처음 끊은 사람이거든요. 집안에 난리가 났어요. 왜냐면 길에서 만난 사람과 연애했으니까. 저도 고집이 엄청 센 사람이죠. 제가 결혼하고 생활력이 강해졌어요. 왜냐면 제가 안 하면 죽으니깐."

죽지 않기 위해 일하면서도 이정미는 자신에게 닥친 불행의 원인을 추적하길 그만두지 않았다.

"어느 순간에는 우리 조상이 사람들을 거느리고 살았다면 살면서 죄를 지은 게 있었겠다. 스스로 그런 생각을 했어요. 나는 후손으로서 이 시점에서 죄를 가혹하게 받나보다. 진짜 단돈 30만 원만 고정적으로 벌어도 너무 좋겠다. 그런 여성은 너무너무 행복하겠다 부러워했어요. 일 마치고 집에 갈 때, 어떤 때는 저녁 찬거리를 봐야 되는데 안 봐서 다시 돌아가야 되는 거예요. 그게 힘들었던 기억이 많이 나요. 남들은 퇴근길 여유 있게 슬슬 가는데 나는 왜 그렇게 못할까. 무조건 집에 먼저 갔던 것 같아요. 어떤 심리여서 그랬는지 모르겠지만 나 이렇게 빨리 왔다, 이렇게 남편한테 보여주고 싶어서요. 엄청 지지고 볶고 살면서도 또 많이 좋아했던 것 같아요.

애들 낳고 살면서 보니깐 이 사람 진실을 알게 되잖아요. 이 사람은 천생 자기 생각 없이는 못 사는 사람, 의심의 여지가 없는 사람이에요. 그걸 알고 나서 이 사람한테 푹 빠졌죠. 이 사

자기 생각 없인 못 사는 사람, 꼭 지켜주고 싶었다

심진구가 그린 그림. 심진구는 그림 속에 늘 어여쁜 두 딸아이를 그려 넣었다.

람을 내가 지켜줘야 하는 숙명을 안고 태어났다고 생각했어요. 가족들도 등한시하고, 모두가 이 사람을 등한시하지만 나는 꼭 지켜내야 할 사람이고 그만한 가치가 있는 사람이다. 이 사람을 지켜야 한다."

심진구의 질문, 왜 노동자는 일해도 가난한가

심진구는 성탄절 시즌이 지나면 평소엔 유화를 그려서 팔기도 했다. 그리고 그 그림 속에는 항상 어여쁜 두 딸아이가 들어가 있었다. 이름 모를 꽃들 사이에 인화초 두 포기를 살며시 그려 넣는 살가운 아빠였다. 그림이 판매되면 이정미는 그것을 설치하는 작업을 도왔다. 구매자의 집에 가서 드릴로 벽을 뚫고 못을 박아 그림을 걸어주었다. 좌우 대칭 맞춰 반듯하게 걸린 '심진구 화백'의 그림을 보는 낙이 컸다.

"남편이 어렸을 때 시골에서 올라와서 집안 형편이 여의치 않았잖아요. 학교 다니면 마루 밑에 다른 아이들 색연필이 떨어져 있대요. 그거 주워가지고 그림을 그렸다고 하더라고요. 그러면서도 공부도 잘했고 뭐 장학금 타서 다녔다고 들었어요. 정말 책을 엄청 좋아했던 사람이에요. 남들은 돈 벌어서 맥주 한잔 마시러 가고 놀러 가는데 이 사람은 책방에 가서 책 하나 골라 와서 보고 그랬죠. 서점에 가면 항상 제 책까지 사왔어요. 본인이 읽을 거 제가 읽을 거. 남편이랑 같이 보았던 책은 사마천의 《사기》가 있고. 저 개인적으로는 존 스타인벡의 《분노의 포도》가 좋았어요. 미국 소설인데, 이제 포도가 풍성하게 달려 있잖아요. 포도는 하나하나가 여러 개가 모여서 풍성해 보이잖아요. 현대사회랑 약간 매치가 되죠. 현대사회가 이렇게 보면 풍성하잖아요. 그런 풍요로움 속에 빈곤이 감춰져 있다는 걸 애기한 거 같아요."

풍요 속의 빈곤. 대한민국 노동자 심진구는 그것을 일찍 보았고 질문을 던졌다. 왜 노동자는 일해도 가난한가. 남들이 당연히 여기는 게 그에게는 커다란 의문부호로 다가왔다. 의심했고 따져 물었다. 오랜 꾸준한 물음과 사유를 정리해 〈선진 노동자의 임무〉라는 글을 썼고 그 글이 결정적인 빌미가 되어 국가보안법 위반 혐의를 받은 것이다. 2008년 4월 진실화해를 위한 과거사정리위원회에 고문 피해 사건의 진상규명을 요구할 때, 〈선진 노동자의 임무〉 집필 배경을 심진구는 이렇게 밝혔다.

〈선진 노동자의 임무〉는 제가 집필했습니다. 구로지역 노동자 모임에서 그냥 중구난방 사업장 이야기만 잡담식으로 이야기가 됐습니다. 구로공단 내 신흥정밀에서 분신했던 박영진 열사가 12월에 노동자 간 연대파업 추진을 연구해보자며 누가 글 좀 써오라고 했습니다. 박영진 열사는 당시 2교대라 도저히 글 쓸 시간이 없다고 하길래

제가 3교대라서 맡았습니다. 내용은 3년간 노동 현장에서의 경험, 구로지역 노동자 모임에서 동료 노동자들과의 대화를 통해 느낀 점을 정리했습니다. 북한 방송 듣고쓴 게 아닙니다.《마르크스 사상》《노동조합론》같은 책을 참고한 적도 없습니다. 제가 그런 책을 참고했으면 출전 표시라고 하고 인용구라도 썼을 것입니다.

그렇게 유인물을 만들어서 송년회 모임에 가져갔습니다. 그런데 송년회인데 딱딱한 이야기하기도 그렇고 해서 바로 회식을 했습니다. 노동자 모임에서 의견 나누려고 작성한 것인데 무슨 북한 이야기며, 사회주의 혁명이니 하는 이야기를 썼겠습니까? 노동자가 철학과 과학이 있어야 노동운동을 할 수 있다는 내용이었습니다. 그리고 제가 쓴 그 유인물을 김영환이 저한테 말도 하지 않고 가져가서 '강철 시리즈'란 유인물에 게재를 했습니다. 저는 그 사실을 안기부 조사 때 처음 알았습니다. 그리고 강철 시리즈라는 건 지금까지 한 번도 본 적이 없습니다.

삼립식품에 다녔을 때 노동자가 3,000명이나 되었습니다. 이미 현장에 많은 노동자와 함께 있었고 구로지역 노동자 모임을 이미 하고 있어서 다른 모임이나 단체가 저한테는 아무 필요가 없었습니다. 제가 그걸 다 뿌리치고 뭐하러 다른 단체나 조직을 찬동하고 했겠습니까? 구로 · 독산지역 노동자 모임은 구로, 독산지역 노동자들이

자기 생각 없인 못 사는 사람, 꼭 지켜주고 싶었다

각자 공장에서 어려운 점을 이야기하고 해결 방안을 모색하는 모임이었습니다. 무슨 단체나 조직이 아니라서 대표도 회칙도 강령도 없었습니다. 당시에 구로동맹파업이 실패해서 연대파업을 일으켜보자고 김학린, 박영진 열사가 이야기를 꺼내 개별 사업장에서 의식화한 사람들이 모였습니다. 선진적 노동자라고 볼 수 있습니다. 모임이 만들어지고 저희 집에서 주로 만났습니다. 저는 현장에서 노동문제를 다루는 것이 중요하다고 생각해서 열심히 모임에 참석했습니다. 그러다가 각 멤버들이 일 때문에 바쁘고, 야학 등 활동으로 종종 빠지는 사람이 생겨서 다음 해 2월 말쯤에 자연스레 모임을 갖지 않게 되었습니다.

스물둘에 〈선진 노동자의 임무〉를 처음 접했던 이정미는 하늘의 뜻을 안다는 지천명, 오십에 접어든 지금에서야 이제야 한 줄 한 줄 문장들의 의미가 조금씩 눈에 들어온다.

"처음 모임에서 읽고 토론할 때는 어렵게만 느껴졌어요. 결혼한 후 세월이 흐르니 또 다르게 읽히더라고요. 이해할 수 있는 능력이 생겼고 맥락이 보인다고 할까요. 그 글이 쓰어진 게 1985년, 30년이 흘렀어도 내용이 살아 있고 내용대로 가야 한다는 걸 공감하는 분들이 있다면 앞으로도 살아 있는 글이 되겠지요. 그렇게 됐으면 좋겠어요.

근데 그 당시 집권세력이 너무 야비했어요. 학생들보다

남편을 너무나 가혹하게 고문을 두세 배 더 했다는 거. 당시 학생들이었던 분들이 나보고 왜 저렇게 말씀을 하시나, 우리도 똑같이 당했다고 할 수도 있지만, 근데 제가 봐도 고문당한 것도 그렇고 TV에 나와 기자회견한 것도 그렇고, 남편을 고른 거예요. 그때 신혼이었으니까 결혼했다는 약점을 잡아서 남편을 고르게 된 거죠. 좀 더 약자를 찾아서. 그게 너무 비열하고 한 인간으로서 내가 용서해줄 수 있는 문제냐, 인류가 용서해줄 수 있는 문제냐. 건강해야 면역성도 있어서 병이 안 생기고 이겨낼 수 있는데, 고문해서 몸도 망가뜨리고 정신도 망가뜨리고 이쪽 사회에도 못 서고, 저쪽 사회에도 못 서고 사람을 그렇게 해놨으니. 물론 그때 내가 안 하겠소! 나 간첩으로 모시오! 나 그냥 죽이시오! 사형시키시오! 그렇게 할 수도 있었죠. 그렇지만 그게 최선일까요?"

여우, 불독, 독사, 곰…

심진구는 불안, 신경증, 만성두통, 근육 신경통 등 고문 후유증이 더 심해졌다. 세월이 흘렀지만 당시 그를 고문했던 사람들의 모습과 목소리를 하나도 잊지 못했다. 똑똑히 기억했다. 1986년 당시 안기부 대공수사단장 정형근과 네 명의 고문 기술자들의 얼굴을 캐리커처로 그렸고 그들을 고발했다. 그러나 서울지방검찰청에서는 공소시효가 지났다는 이유로 불기소 처분을 내렸고 고검에서도 똑같은 이유로 기각했다. 헌법소원심판 청구도, UN인권위원회에 제소해도 소용이 없었다. 결국 그는 2005년 국가폭력 피해자 증언대회에서 목소리를 냈다.

20년 전 나를 고문했던 안기부 수사관들은 당시 30대 후반에서 40대 후반이었고, 이들의 현재 나이는 50대 후반에서 60대 후반으로 추정됩니다. 이들 수사관들은 이름을 전혀 부르지 않는 등 극도로 보안을 유지해 신원을 파악하기 어렵습니다. 그래서 나는 대신 짐승 이름을 붙여 쉽게 기억하는 방법을 썼습니다. 고문 수사관의 특징을 따서 '여우'(실장), '불독'(계장), '독사'(대리), '곰'(심리요원)이라고 붙였습니다. 코와 입 모양이 약간 다를 수 있지만 전체적인 분위기나 특징은 실물에 가깝게 그렸습니다. 20년이란 세월이 흘러 살았는지 죽었는지 모르지만 죽기 전에 나타나 죄를 씻었으면 좋겠습니다. 고문을 받은 사람은 동물보다 못한 비참함으로 살아가야 합니다. 이 문제가 해결되지 않는 한 모든 세포 하나하나가 그 고통을 잊을 수 없을 것입니다. 그 원망은 하늘만이 압니다. 고문은 어떤 경우에도 어떤 조건하에서도 해서는 안 되는 것입니다. 고문이 얼마나 견디기 힘든지 당해보지 않으면 모릅니다. 부디 우리 같은 사람들이 마지막이 되길 바랍니다.

1986년 12월 22일 경 저의 집응접실에서
그4호에게 고욕을 치르면서 겪렸던 사의 모습

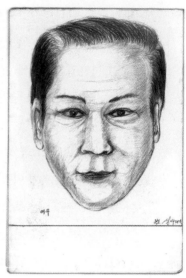

여우

곰

의뢰: 2004년 12월 3일 ~ 2005년 1월 /일경

독사

자기 생각 없인 못 사는 사람, 꼭 지켜주고 싶었다

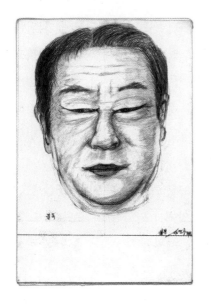

심진구가 그린 고문 수사관들의 모습. 심진구는 1986년 당시 안기부 대공수사단장 정형근과 네 명의 고문 기술자들의 얼굴을 캐리커처로 그려 그들을 고발했다

이정미는 기억한다. 남편은 정형근 초상화를 그릴 때 거의 열흘 동안 방에 틀어박혀서 아무것도 안 먹고 그림만 그렸다. 기억을 떠올리는 게 너무 괴로워서 음식을 넘길 수가 없었다고 했다. 그러나 저명한 국회의원이 된 정형근은 그런 사실이 없다고 발뺌을 했다. 아직도 다른 열 명의 고문 기술자들의 신원은 밝혀지지 않았다. 그리고 심진구는 2014년 췌장암 진단을 받았다.

"그때가 시진핑 주석이 올 때여서 시도 읽고 그럴 때였어요. 중국의 문화도 알아야겠다 싶어가지고 책을 읽고 있는데 암진단을 받은 거예요. 제 책을 사오면서 저는 제 방에서 읽고 애아빠는 자기 방에서 읽고 그랬거든요. 아팠을 텐데 배를 부여안고 읽었던 것 같아 가슴이 아파요. 아프면 아프다고 해야 되는데 내가 책에 깊이 빠져서 읽고 있으니깐 방해 안 되게 하려고 그랬는지 내색을 안 해서 병원 가는 게 늦어진 것 같아요. 9월 말경에 알았어요. 추석에 차례를 올리고 나서 배가 아프다고 해서 약국에서 약을 처방해 먹었어요. 근데 안 낫는 거예요. 병원에서 건강검진을 하고 결과가 나와서 알았죠."

심진구의 장례식에는 1985년 그와 함께 노동운동을 했던 동지들이 찾아왔다. 그들이 눈앞에서 가만히 쳐다보는데도 이정미는 그들을 알아보지 못했다. 세월은 무정하게 흘렀다. 강산이 세 번 변하는 사이 젊은 노동자들은 초로의 중년이 되어 있었다. 타인이라는 거울. 그들을 통해 이정미는 파란 많은 날들, 온갖 곡절 타고 넘은 지난 삶을 돌아보았다.

"내가 20대에 생각했던 일, 30대에 생각했던 일, 40대, 50대 그 단계마다 일이라는 한 가지 주제에 관해서 내 마음이 변해가는 것 같아요. 20대 때는 고생이다 이런 생각.(웃음) 고생이지만 씩씩했던 것 같아요. 20대 때는 씩씩하고, 노동운동을 하면서도 아침부터 김밥 싸서 미술관을 많이 갔어요. 지금에 와서 사진을 보니깐 그랬더라고요. 우리 애들한테 많이 보여주려고 그랬겠죠. 30대 때도 고생을 막 하면서 내 몸 안에서 정말 일이 안 풀릴 때 짐승 소리가, 짐승 소리도 진짜 냈던 것 같아. 그래, 고생 내가 받아주마, 이까짓 것 지금 현실이 지옥이라도 지

자기 생각 없인 못 사는 사람, 꼭 지켜주고 싶었다

옥을 즐겨주마 으으으 짐승 소리를 내고 30대 때는 그랬던 것 같아. 40대 초반까지. 그런 생각을 할 때는 별의별 게 다 나오는 거지. 내가 전생에 무슨 죄가 있어서 지금 이렇게 나쁜 것이다. 이런 일반적인 생각들을 했죠.

40대 때는 복합적이었던 것 같아요. 이제 후회라는 단어도 좀 섞이고. 오, 내가 이런 사람을 만났으니깐 나한테 무슨 의미가 있지 않을까. 그때부터 그런 생각이 들어왔던 것이죠. 저와 남편처럼 이렇게 만나는 경우가 많지가 않잖아요. 물론 어떻게 보면 저보다 더 어려운 세월을 산 분들이 분명히 있을 거예요. 저는 저만 보고 있잖아요. 다른 사람 삶을 들여다본 적이 없잖아요. 그러니까 이 세상에서 나만 불행하고 힘들구나 생각할 수 있는데 다른 누군가는 더 고통스럽겠죠. 더 힘들게 사는 사람들, 더 지혜롭게 헤쳐나간 사람들이 분명히 있을 거예요. 아이들도 잘 키운 사람들도 있었을 거고. 제가 지금 나 고생했어 하는 것도 세상을 많이 배우지 못하고 세상을 덜 겪어보고 그런 얄팍한 잣대로 말씀을 감히 드리는 건지도 몰라요. 무용담처럼 고생한 걸 이야기한다는 게 너무 미안해요.

저는 한다고 해도 아이들이 힘들었죠. 아까《분노의 포도》에서 말한 것처럼 이 집 안에서 생활하다가 밖에 한 발자국이라도 나가면 겉보기에는 정말 풍요롭지만 그 안의 내면을 보기가 힘들잖아. 아직 어리니깐 아이들이 괴리감을 느꼈겠죠. 아빠가 또 특별하다면 특별하기 때문에 나름대로 자기들도 조금 힘들었을 거예요.

우리 큰딸 하는 말, 아빠는 항상 연구하고 어디서 남들을 가르치는 게 성격에 맞는 거였는데 그게 너무 안 되니깐 도저히 이 세계에서 살 수가 없었다고, 만약에 아빠가 다시 태어난다면 이 생애에서 자기가 쌓아올린 학문을 갖고 다시 태어났으면 좋겠다고 말하는 거예요. 아빠가 자기 재능을 좋은 쪽으로 발휘를 하고 행복하게 살았으면 좋겠다. 백프로 동감해요. 그 사람의 논리나 설교를 들으면서 와, 이 비싼 강의를 내가 듣는구나 했죠.(웃음) 어떤 때는 내가 키우는 강아지가 있어요, 강아지하고 둘이 들을 때가 있어요. 아이들은 학교 생활로 바빠서 나가고. 그럼 강아지도 경청을 했어요. 정말이에요, 들어요."

지금까지 살면서 제일 고마운 사람, 가장 존경하는 사람, 남편 심진구에 대한 이야기는 밤처럼 깊어갔다.

"남편하고 이야기할 때는 삼라만상이 이해가 되고 포괄적으로 속속 들어와요. 깊이 있게 저를 일깨우고 리드한 사람은 애기 아빠밖에 없다. 너무 해박한데 저런 지식을 어떻게 다 안고 갔는지 모르겠다. 과연 심진구 씨다. 한마디로 너무 명료했고 너무 명석했고 너무나도 그 뭔가를 알았던 사람이다. 세상에 그걸 펼치고 재능을 좋은 일에 쓰고 가야 될 사람인데 어떻게 저렇게 갔을까. 부인이라서가 아니라 객관적으로 생각할 때 아까운 사람을 보냈다고 생각해요. 사실 고생이라는 거는 아무것도 아닌 거죠. 소중한 걸 이 사람을 통해 알았고 아이들이 생겨

자기 생각 없인 못 사는 사람, 꼭 지켜주고 싶었다

났고, 그랬기 때문에 앞으로 내가 살아갈 때 어느 정도는 지침을 마련해주고 떠난 것 같아요. 어느 정도는 내가 세상을 감히 헤쳐나갈 수 있게. 세상에 어차피 태어난 것. 평생 죽을 때까지 학생이잖아요. 근데 삶에 있어서는 평생 학생이어도 많이 알지 못하고 가는 게 인생 같아요."

이정미는 남편의 묏자리를 양지바른 곳에 장만해주고 싶은 소망이 있다. 그러고 나면 눈이 펑펑 내리는 시골에 아무런 발자취가 없는, 들어오는 사람도 나오는 사람도 없는 그런 데서 남은 생을 살고 싶다.

1986. 12. 10. 안기부 남산분실로 연행
1987. 4. 20. 서울형사지방법원 징역 2년, 자격정지 2년(집행유예 4년)
      선고 확정
2010. 10. 11. 서울중앙지방법원 재심 신청(2010재고단26)
2012. 11. 20. 서울중앙지방법원 무죄 선고
      12. 11. 검사 항소, 사건 접수
2013. 4. 4. 검사 항소 기각
      4. 16. 검사 대법원에 상고, 사건 접수
      7. 11. 검사의 상고 기각 판결, 무죄 확정
      8. 23. 형사보상 청구
2014. 3. 4. 형사보상 지급 결정
      11. 24. 서울대학병원에서 췌장암으로 영면

열네 살 납북어부,

억울해서 공부하고
돈 벌어 남 주다

김 용 태

살아낸 시간, 그것은 그의 재산이자 그의 독특함이다.

- 장 아메리

삼척 촌놈은 망망대해로 나갔다. 동네 친구들이 전부 중학교에 들어갈 때, 그는 고기잡이배를 탔다. 열네 살이면 한 사람 몫의 노동력을 거뜬히 해내던 시절이다. 그런데 하필 그가 탄 배가 북한 경비정에 의해 끌려갔다. 인민복을 입고 견학을 가고 공부를 했다. 정치경제학, 철학 같은 생소한 과목을 배워 주관식 시험을 보고, 커닝을 하다가 들켜 눈물 쏙 빠지게 자아비판을 당했다. 먹고 자는 일거수일투족을 감시당했다. 1972년 9월, 1년 만에 무사 귀환했으나 남한에서도 감시는 끝나지 않았다. 북에서 보낸 1년을 상세히 복기하는 총명한 그를 국가기관은 집요하게 불러세웠다. 다 말해도 더 내놔라 매질하고 조작했다. 분단 조국의 괴롭힘으로 자아가 납작하게 눌린 사춘기 소년은 엇나가고 방황했다. 겨우 마음잡고 선택한 직업은 건축일. 차곡차곡 벽돌을 쌓으며 망가진 일상을 구축하던 김용태는, 납북 13년 만에 돌연 간첩으로 체포됐다. 높고 차갑고 삭막한 감옥에서도 삶의 재건 작업은 계속됐다. 감옥에서의 공부가 시작된 것. 젓가락에 물을 묻혀 수학 문제를 풀고, 옆 사람 빨래를 해주고 책을 구했다. 중졸, 고졸 검정고시를 통과하고 건축기사 1급 시험에 합격하는 등 독학으로 13년 수감생활을 꽉 채웠다. 척박한 터전에서 이룬 단단한 성취는 이후 삶에 든든한 닻줄이 되어준다. 끝났는가 싶으면 또 한 차례 밀려오던 해일들. 쌓아온 것을 무로 돌려놓고 일상의 작은 관계를 끊어놓던 사건들도 그가 이야기를 시작하자 그 난폭한 힘을 잃고 온화한 바다의 얼굴처럼 충만하게 펼쳐졌다.

열두 살 촌놈, 가출해서 보낸 1년

"내 어릴 때 별명이 촌놈이거든요. 5학년 때까지 우등상을 받았어요. 중학교 간다고 과외수업 받고 싶다고 했다가 아부지한테 지게 작대기가 부서지도록 맞았어요. 니 형들은 소학교 입구도 못 갔는데 그것도 감지덕지 중학교가 웬 말이냐. 중학교를 포기했죠. 그래서 6학년 땐 그냥 학교를 안 가고 산에 올라가 고구마 캐 먹고 감자 캐 먹고 놀았어요. 중학교 입학시험 한 달 앞두고 우리 둘째형님이 우리 형제들 중 하나는 중학교를 보내야 안 되겠냐고 아버지를 설득했어요. 6학년 과정을 다 빼먹었으니까 어떡해요. 그래도 한 달 바짝 공부해서 중학교에 6등으로 합격했어요. 등록금을 내야 하는데 돈이 없으니까 6학년 담임이 중학교에 얘기해서 외상으로 학교를 들어갔죠. 중학교에 가서 한 3개월 되도록 돈을 못 내니까 맨날 교무실 불려가서 부모님 모셔 와라 그러죠. 아버지한테 말하면 되도 않는 중학교 간다고 해서 그런다고 두들겨 맞고. 한날은 아버지가 제 책가방을 뺏어서 아궁이에 넣어버렸어요. 학교 안 가고 아침마다 지게 지고 산에 나무하러 가고 그랬는데, 하루는 나무하러 가다가 동기들과 마주쳤어요. 걔들이 그러는 거야. '야, 너 나무하러 가나? 우린 학교 가는데!'"

김용태는 그 길로 지게를 발로 부셔서 덤불 밑에 넣었다. 집에 가서 장롱을 뒤졌더니 누나 시집갈 자금으로 부모님이 마련해둔 소 판 돈이 나왔다. 3,000원을 훔쳐서 부산으로 도망갔다. 그때가 1968년, 열두 살 때다. 그 돈으로 찐빵을 사고 평소 먹고 싶었던 걸 실컷 사 먹고 나니 2,500원이 남았다. 배가 차자 걱정이 몰려왔다. 뭐하고 어디서 어떻게 살까. 취직을 하려면 직업소개소를 가야 한다는 게 생각났다. 동성동에 있는 오성소개소를 찾아갔다.

"거기 사람이 니 소개할라면 소개비가 있어야 한다고 그래서 내가 돈이 2,500원뿐이 없다고 했더니 적긴 하지만 그거면 됐다 그래. 부산 남포동 갈비집에 '어섭쇼~' 인사하는 일로 갔는데, 시골에 있다보니까 '어섭쇼' 소리가 안 나는 거예요. 주인이 도저히 안 되겠다고 가라고 하대. 부산 왕자극장 앞에서 누워 자버렸어. 구두 닦는 애들한테 걸려서 실컷 얻어맞고. 구두 찍새(받아오는 일)를 한 달 했어요. 다시 소개소를 갔더니 냉면집엘 취직을 시켜줘. 한 달 월급 3,000원이니까 일 잘해라 그래. 난 세 달 동안 열심히 일했는데 월급을 안 주는 거예요. 왜 월급 안 주는 거냐고 물으니까 밥만 먹여주라고 했는데 무슨 월급이냐고. 나가겠다 했더니 갈라면 옷을 벗어놓고 가라는 거야. 이러지도 저러지도 못하고 냉면 배달 나갔는데 소개소 놈들이 숨어 있다가 이리 오라고 손짓해. 야 우리도 모르고 소개했는데 진짜 그 사람들 나쁜 사람이다. 다른 데 소개해줄게 해서 찐빵집에 갔어. 내가 좋아하는 찐빵집인 거라. 거기서 일을 하다보니 주인 남자랑 싸우고 아주머니가 약을 먹었네. 또 소개소를 돌다 돌다 맨날 이용당해 먹고 안 되겠더라고요. 전단지 보니까 나이트클럽 바, 술집에서 웨이터를 구한다는 거야. 거기서 또 몇 달 있다가 더 이상 버티지 못하고 거의 1년 만에 고향으로 올라왔어요. 집에 가면 아버지한테 맞아 죽을 것 같아서 방에는 못 들어가고 소여물 놓는 데 들어가서 있었거든. 그랬더니 인기척을 알아차리고 어머니가 오셔서 아버지 잠들었으니 들어가자고 하데요."

집에 돌아왔으나 딱히 할 일이 없었던 그는 '아이스케키'를 팔아보기로 했다. 여름 한철 '아이스케키' 장사를 마치고 나자 그의 누나가 권했다. 추석도 얼마 안 남았다, 요즘 오징어가 많이 나고 큰 힘도 안 드니까 선장인 매형을 따라 배를 타라고. 김용태는 1971년 9월 21일 주문진항에서 대복호에 승선, 오징어잡이 선원생활을 시작했다.

열네 살, 고기 잡다 강제 납북되다

"처음 주문진에서 배를 타고 울릉도 해역에서 작업을 했는데 멀미를 얼마나 했는지 속에 있는 걸 다 비워냈어요. 5일 동안 600동(1동=1천 마리)을 잡았어요. 그때따라 작업이 그리 잘돼. 물 반 고기 반이에요. 원래 일주일 작업인데 5일째 되는 날 태풍주의보 내려지고 파도치니까 들어가자고 해요. 그 다음날 아침에 육지에 도착해야 하는데 파도가 세니가 도착을 못해. 목선에 20명 탔거든요. 26일에 도착할 배가 못하고 있는데 27일에 저 멀리 산이 보여요. 배에 탄 일흔 살 노인이 보더니 여기 어로 저지선 부근이니까 빨리 내려가자고 그러는데 벌써 이북 경비정 3대가 따라왔어. 순식간에 배 주위를 도는데 이북 경비정이야. 장총으로 위협 사격을 해요. 어른들은 다 죽었다 울고불고 난리였죠. 이북에 들어가면 못 나온다는 인식이 컸어요."

1971년 9월 26일 김용태가 탄 대복호는 북한 경비정에 의해 피랍됐다.

"우리 배에 '반공방첩'이라고 쓴 깃발이 달려 있었거든. 이북 사람이 선장을 보고 반공방첩이 무슨 뜻입니까? 물어보니까 대답을 못해. 내가 옆에 있다가 편들어준다고 나섰지. '선장이 잘 몰라서 그러는데 반공은 불조심하라는 뜻이고, 방첩은 빨리 끄자는 뜻입니다. 불조심이라 빨간 글씨로 써 있는 겁니다.' 그 사람들이 나보고 몇 살이냐고 묻더라고. 열네 살이랬더니 안에 들어가 있어라 그러대. 저녁 되니까 머리 손 올리라고 하고 고무배에 하나씩 태워. 금강산 온천 목욕탕 데려가서 우리 입었던 옷을 벗어서 바구니에 넣고 이름 쓰래요. 목욕을 하고 나오니까 속옷까지 챙겨서 인민복 비슷한 걸 한 벌씩 주더라고. 살아서 나갈까 죽어서 나갈까도 모르겠고. 거기가 남해리 수용소라는 데라고 하대요. 방에다 몇 명씩 넣어놓는데 화장실 간다고 하고 가다보니까 우리하고 똑같은 옷을 입은 사람들이 있는 거예요. 우리보다 먼저 납북된 사람들인 거예요. 어떻게 잡혀왔냐고 하니까, 우리처럼 태풍을 만난 것도 아니야. 이북 군함이 큰 걸 보고는 일본 배인 줄 알고 담배를 얻자 해서 배를 붙이고 말을 걸었대요. 그런데 한국말도 잘하더래. 자기네 따라오라고 해서 갔다가 잡혀왔다는 거야. 그 사람들이 빌려준 담배가 금강산인데 일본에도 이런 담배가 있나 싶었대요.(웃음) 그리고 속초 배들이 또 들어왔어. 두 척이 한 번에 잡혀 들어왔어요. 우리는 오징어를 잡고 북한은 우리 배를 잡은 거지."

북한에 체류한 지 한 달째 되는 날 환영회가 열렸다. 납북어부들을 세워놓고 꽃다발을 갖다 주고 김일성 노래를 가르쳐주었다. 남에서 끌려온 배 세 척에서 합창단 하나가 뚝딱 만들어졌다. "안 하면 죽을 수도 있으니까" 시키는 대로 고분고분 따랐다. 환영회 끝나고 열린 회식 자리. 술이 한 순배 돌았다. 혀끝을 갖다 대면 타는 60도짜리 술 한 병을 김용태는 다 마셔버렸고 억눌린 불안과 초조와 불만과 공포가 알코올 기운에 터졌다. 인민군 총대를 모가지에 대고 난리를 쳤다. "우리를 쏘던가 내보내주세요." 아침에 술이 깨었을 때 매형은 신신당부했다. "너 살아나가고 싶으면 그러면 안 된다." 그렇게 남해리 수용소에서 한 달을 보내고 평양으로 갔다. 평양역 광장에 구름처럼 사람들이 모여 있었다. 만경대 봉화산 몇 군데 돌고 해주로 내려갔다. 그곳에서 8개월간 규칙적인 생활을 했다.

"아침 6시에 일어나면 하루 일과가 짜여 있어요. 오후 6

시까지 정치경제학, 철학을 가르쳐요. 동무들이 남한 사회에 있었으면 어떻게 정치경제학을 배우냐 그 사람들이 그래요. 근데 그것도 알아들어야 소용이 있지. 일주일에 한 번씩 시험을 봐요. 그 시험 자체가 전부 주관식이야. 나도 자칭 머리가 좋다는 편인데 도저히 못 따라가는 거예요. 컨닝을 했죠. 공부를 하라고 백지를 주거든요. 몇 문제를 내줘. 외워서 답 작성하는 거야. 답안지를 미리 써서 양말에 넣었다가 바꿔치기했지. 나중에 들통이 나서 비판을 얼마나 받았는지 모르요. 여관 종업원까지 한 자리에 서서 비판하는데 눈물이 쏙 빠지더라고. 말은 대수롭지. 아직도 썩어빠진 부르주아 사상을 못 버리고 있다고 하고. 지금도 소름이 끼친다니까. 우리 흔히들 얘기할 때 비판, 비판이라잖아요. 말로 그러는 거 별거 아니라고 생각하잖아요, 진짜 비판당하면 눈물이 쏙 빠진다니까요. 어디 견학을 갔다 와가지고 그 소감문을 쓰라고 해서 내용이 조금 허술하거나 잘못되면 사정없이 비판당하게 시켜요. 호되게 해요. 그 생활을 1년을 했다니까."

북에서 보낸 1년은 한 사회의 민낯까지 볼 수 있는 충분한 시간이었다.

"새벽 4시가 되면 이북 애들이 행진을 하거든요. 우리가 묵던 여관 앞에 김일성 동상이 있어요. 새벽 4시부터 '김일성 원수 만세' 소리가 들리고 365일 하루도 안 빠져요. 그때 당시에 운동권 학생들이 북한이 이상적인 국가라고 생각하는 애들이 있었거든요. 실제로 겪어본 거로는 이상적인 사회는 아니에요. 여기는 거지는 전혀 없고 모든 사람이 평등하다고, 당원도 그렇게 말해요. 전부 평등하다고 귀에 못이 박히게 말하는데 여관 뒤에 보면 거지 많거든요. 우리가 4층에 있었는데 간식 나온 거 위에서 던져주면 눈치 봐서 주워가고. 그 시간만 되면 애들이 왔어요. 그것도 들켜서 혼났지. '여기가 거지가 없다면서 쟤들은 거지가 아니고 뭐요?' 물어보고. 참 나도 죽을 짓을 많이 한 거예요. 그들이 뭐라냐면, 걔들은 거지가 아니다. 집 나와서 저 맘대로 다니는 부랑아라고 말을 돌려버려요. 그 애들이 나중에는 와서 인사도 하고 가. 한 달 월급이 얼마라고 자기들이 자랑을 해. 그 월급이라는 게 담배 열 갑을 못 사겠더라니까. 내가 우리 지도원들한테 따졌더니 담배가 사치품이기 때문에 비싸다고 그러대요.

또 평양 비단 공장 견학을 갔는데 이래요. '남한 여성 동무들은 옷감이 없어서 치마가 무릎 위에 오도록 짧다, 우리가 비단을 한 필이라도 더 짜서 통일이 되면 그 불쌍한 여성들을 겨울에 춥고 그럴 텐데 도와야 한다.' 그걸 보니까 한심한 거야. 모르는 사람들은 70년대까지는 이북이 경제성장이 앞선다 이러는데, 우리가 71년도에 갔는데 그때 이미 이쪽이 경제는 앞질러 갔어요. 돌아와서 조사받을 때 우리가 군사 기밀을 노출했다고 하지만, 저들이 이미 다 알고 있어. 지도가 다 있어. '여기 뭐 있고 맞지요?' 그렇게 물어본다고."

납북 1년이 되어가는 어느 날, 그동안 공부한 책을 전부 반납하라는 지시가 내려왔다. 눈치 빠른 사람들은 벌써 들떴다. 어른 하나 아이 하나 짝 지워서 절대 놓치지 말라고 했다. 김용태보다 한 살 아래 선원도 한 명 있었다. 평양역에 갔더니 납북어부 168명 전원이 한자리에 모였다. 평양시 인민위원회위원장이 와서 송별회를 개최했다. 김용태는 대복호를 타고 다시 속초로 돌아왔다. 그때가 1972년 9월 7일이다. 남북공동성명에 따른 화해 조치의 일환으로 납북어부들이 남으로 송환된 것이다.

"우리 배가 잡혀 들어갔을 때 우리나라 매스컴에서 뭐라고 나왔냐 하면 주문진 대북호가 태풍 만나 배가 파손됐다. 배 파손된 조가리를 찾아냈다고 신문에 나고 그랬어요. 우리 집에서도 우리가 나오는 줄 몰랐어요. 아침 뉴스에 납북어부들 교환한다는 소식을 형이 듣고 아이들이 안 죽었구나 했지. 난 호적에서 지워졌었어요. 1년 동안 소식이 없으니까 사망신고 돼 있더라고."

그가 대면한 세상은 공정하지 않았다

"이북에서 동해로 배 네 척이 나왔는데 우리 배가 제일 고물이거든요. 1년 동안 같이 고생해서 나오는데 우리 두고 전부 내빼버리더라고. 우리 배가 제일 늦게 갔어요. 그거 때문에 한 차례 더 맞았다니까. 너희는 뭐가 좋아서 꾸물럭거리고 있었냐고. 이제 여기에 돌아오면은, 내가 나이도 어리고 그러니까 몰랐지만, 여기에 돌아오면은 우리나라 경찰이고 가족이고 사람들이 전부 '아이고 고생했다' 이러고 안아줄 줄 알았어요. 막상 딱 오니까 '이 새끼들아 대가리 처박아' 막 배 바닥에다 머리 숙이라 그렇게 해놓고 선장은 위로 불러 올려요. 조사받기 전에 얼마나 맞았는지 선장이 얼굴이 벌게가지고 팅팅 부어 나왔더라고. 속초체육관에 80명이나 되는 인원을 넣어놓았어요. 강원도 일대 경찰관을 다 집결시켜 놓은 거예요. 여관 한 방에 하나씩 끌고 가서 조사하는 거야. 만세 몇 번 불렀냐, 무슨 지령받았냐, 그런 거 물어보고. 나중에 결론은 너네들 스스로 월북했다 이거야. 여기 놔놓고 하나씩 불러가지고 나갔는데 갔다 오면 사람들이 떡이 돼서 오는 거예요. 장작개비 패듯이 패니까."

열다섯 살, 고지식하고 똑 부러지는 그는 북한에서 체류하는 동안 있었던 일을 곧이곧대로 털어놓았다. 그러자 수사관들의 눈에 들어 납북어부들을 대표하는 증언자가 됐다. 그를 포함해 세 명이 남산 중앙정보부에 끌려갔다.

"중앙정보부 가서 얼마나 맞았는지. 지령받은 거 대라고 두드려 맞고, 대방동에 있는 미군부대로 끌고 가서 독방에 가둬놓고 조사를 또 받아. 약 한 달 만에 강릉경찰서 유치장에 구속됐어요. 검찰에서 조서를 쭉 읽고 인정하지? 물어보길래 '하도 두드려 패서 그랬는데 그게 아닙니다' 했더니, 유리 재떨이를 툭 던지는데 이마에 맞아가지고 지금도 여기 뼈가 툭 튀어나왔어요. 겁이 나가지고 뭐 부인할 생각도 못하고 강릉교도소로 갔죠. 그때 당시에도 만 열네 살 미만으로는 형사처벌 대상이 안 됐거든요. 그런데도 교도소로 송출을 시킨 거라니까요. 3개월 만에 강릉교도소에서 집행유예로 풀려나왔어요."

김용태는 1972년 12월 4일 강릉지원에서 수산업법과 반공법 위반으로 기소돼 징역 1년 집행유예 3년을 선고받았다. 몸은 집에 돌아왔지만 완전히 풀려난 게 아니다. 시달림은 계속됐다. 공군첩보대에서 왔다, 국군보안대에서 왔다, 경찰서에서 왔다, 중앙정보부에서 왔다며 사흘 걸러 그를 찾아왔다.

"윗방에서 밥상을 갖다놓고 조사를 하는데 조사하다가 저들 뜻대로 대답이 안 나오면 막 두드려 맞고. 옆에다가 장작 개비 갖다놓고 조사를 하니까 아버지가 보다보다 못해 따졌어. 당신들도 그런 동생이 있고 자식이 있을 거 아니냐고 막 뭐라고 했지. 그담부터는 조사는 해도 두드려 패지는 않더라고. 아이고 경찰이 수시로 한밤중에도 와가지고 조사하고, 몇 월 며칠 몇 시에 뭐했는지 대라고 하고. 내 13년을 그래 살았어요. 그래 되다보니까 성격이 자꾸 삐뚤어지는 거야. 어디에 화는 풀 데 없고 이러니까 술도 한잔씩 먹고 나면 막 성이 나고 뒤엎어버리고. 동네 사람들도 일조를 해주는 게 뭐냐면, 내가 거기 잡혀갔다 온 것도 있었고, 이 동네에 동창들이 한 열여섯 명 정도 되는데 전부 고등학교 이상을 졸업했는데 나만 국민학교를 졸업했네. 동네 사람들이 뭐라고 하냐면, 자기 아들이 담배를 한대 펴도 나를 탓해. 그 못된 놈하고 어울리더니 그 못된 놈한테 배웠다고 해요. 그러니까 난 자꾸 삐뚤어지는 거예요. 어려서 사고도 많이 냈어요. 형수가 한날은 얘기를 하대. 삼촌 때문에 내가 챙피해서 못 살겠다고. '왜요?' 하니깐 동네에서 삼촌 내쫓아버리자고 한다는 거라. 형수 입장에선 듣기가 좀 그랬겠지. 그 말 듣고 내가 막 오기가 나서 도끼를 들고 가서 동네 마을회관 기둥을 다 도끼로 찍어버렸어. 그러니깐 우리 아부지가 괭이를 들고 와서 나를 찍어버려서 여기 아직도 흉터가 있어요."

그가 대면한 세상은 공정하지도 이성적이지도 않았다. 비겁함과 불합리의 완장을 찬 자들이 굴욕을 강요했다. 한 사람의 성장을 위해 필요한 돌봄과 친밀함, 지지와 허용, 신뢰와 존중 같은 것들을 그는 받지 못했다. 무차별적인 폭력, 억압, 추궁, 비난, 의심 속에서 이리 채이고 저리 채이며 10대를 보냈다. 육신과 영혼에는 크고 작은 상처가 생겼다. 자신을 파괴하는 것들에 맞서 함께 망치를 휘두르다가 자기 삶도 파괴되고 있었다. 김용태는 '존엄의 불씨'를 살리기 위해 스물둘에 본격적으로 일을 구했다.

객지에서 일하는 성실한 가장 '간첩죄'로 연행

"건축일이 일자리 찾기가 제일 쉬웠거든요. 어려서부터 제가 힘을 좀 썼습니다. 그건 힘만 있으면 하니까. 조적(組積)이라고 벽돌 쌓는 일부터 했죠. 그때 당시 주택 두 동을 전부 맡아서 시작했는데 10 · 26이 터졌어요. 그러니까 자재값이 60프로 이상 오르고 자재를 팔지도 않아요. 가격이 뛰는 바람에 빚에 시달리다가 빚쟁이를 피해가지고 태백 탄광으로 갔죠. 밤낮으로 일하고 열심히 살았어. 살다보니깐 거기서 또 한 번 사기를 당해버렸네. 공사를 다 해놨는데 사장이 튀어버렸어요. 이미 빚은 졌지 태백에서 살 길이 막막해서 마산으로 내려왔어요. 마산 쪽에 공사가 많고 단가가 좋다고 해서 갔어요. 근데 내가 일 시작하고 다음해에 결혼을 했거든요. 결혼도 그때는 할 만한 형편이 못 됐으니까 아부지 환갑날에 동생하고 합동 결혼식을 했어요. 바로 아이 낳고 삼척에 남겨두고 나만 돈 벌러 객지에 간 거야. 마산에 갔더니 건축 쪽 유행이 한참 떨어져 있어. 일이 전부다 내 거라. 공장에 다니는 애들 한 달 월급이 20만 원 정도였는데 내가 하루 일하면 7~8만 원을 받았어요. 돈을 끌다시피 했지."

오늘도 어제처럼 묵묵히 건설 현장을 누비던 어느 날이었다.

"일을 갔다 집에 왔는데 누가 문을 두드려. '김용태 씨 집

ⓒ윤유성

열네 살 납북어부, 억울해서 공부하고 돈 벌어 남 주다

맞습니까?' 하는데 냄새가 풀풀 나더라고. 나중에 차가 덜컹하는데 눈을 뜨니까 아차 싶은 거야. 그때 보안사령부가 서슬이 퍼랬거든. 당시에 나는 보안관찰을 받던 놈인데 내가 사라지니까 비상이 걸렸어. 삼척 집에 가서 김용태 어디 있는가 내놔라 하니까 우리 형님이 주소를 가르쳐준 거지. 나를 보더니만 '마산 동부경찰서까지 갑시다!' 하는 거야. '뭐 땜에 그래요?' 하니까 예비군 훈련을 안 받은 게 있어서 그것 때문에 나왔대. 나중에 보충교육 받으면 되는 거 아닙니까, 했더니 일단 가자네. 그럼 갑시다. 문 앞에 딱 나오는데 앞에 한 놈이 있고 뒤에 한 놈이 딱 있는데, 뒤에 한 놈이 내 옆구리에다 뭘 갖다가 퍽 들이대. 허튼짓하면 바로 쏴버린다 그래. 권총이야. 난 뭐 그래 예비군 교육 한 번 안 받았다고 권총을 들이대나 황당하더라고.

　　날 밀어넣더니 지들끼리 떠들어. '이 새끼 순순히 따라와?' '지가 안 따라오면 어쩔 건데.' '밥 챙겼어?' '안 먹였어요.' 그러더니만 라면을 끓여서 왔는데 국물이 하나도 없어. 아마 내 생각엔 수프를 다 넣고 거기다 소금을 또 한주먹 넣었지 싶더라고. 라면을 먹어보니까 이게 짠 정도가 아니고 써서 못 먹겠어. 한 젓가락을 뜨고 딱 놓으니까 바로 날아와. '이 새끼야, 여기가 니 맘대로 처먹고 안 처먹고 하는 덴 줄 알아? 어서 처먹어!'

　　내 입었던 옷을 팬티까지 싹 벗기고 군용 작업복 갈아입히더니 지하실로 내려가서 이유도 없이 알미늄 파이프를 딱 들더니 얼마나 두드려 패는가. 내가 그랬죠. 이유나 알고 맞자고.

그랬더니 백상지 갖다 주고 니가 태어나서 여기에 오기까지 있었던 일을 적어라 그래요. 진짜 아침에 무슨 밥을 먹고 점심에 무슨 밥을 먹었는가 그것까지 다 쓰라는 거야. 3일 동안 잠도 안 재우고 손가락이 아파서 못 쓸 정도로 반복시키더라고. 라면 그 짠 걸 먹어가지고 갈증은 나지, 물 좀 달라니까 '야, 이 새끼야. 빨갱이 새끼한테 줄 물이 어디 있어' 또 두드려 패고. 내가 맞아서 정신 잃으면 머리에다가 물을 갖다가 부어버려. 깨워서 쓰고 또 쓰고 딱 글을 쓰니까는 세 번째에 딱 그래. 이 새끼가 머리가 보통 놈이 아니라면서 내용이 똑같다고 나보고 철저히 교육받아서 답변을 준비했다는 거라. 내가 이북에서 교육받은 내용을 썼더니 교육받은 내용이 지령이라는 거라. 이북에서 교육을 받고 실행하려고 나와서 활동하는 거 아니냐고 하는데, 내가 '난수표가 뭡니까?' 했다니까. 난수표가 뭔지도 모르다가 고문받으면서 알았어요."

생과 사를 오가는 고문 끝에 거짓자백

참을 수 없는 것
무릎 꿇을 수 없는 것
그런 것들을 나는
인정했다

열네 살 납북어부, 억울해서 공부하고 돈 벌어 남 주다

나는 파드득 날개쳤다

……

다시는 살[肉]로 태어나지 말자고

다시는 태어나지 말자고

- 황지우 시 〈飛火(비화)하는 불새〉 중

    김용태는 고문을 24일까지 버텼다. 바깥 세계와 단절된 음습한 시멘트 바닥에서 일제강점기부터 전해오는 고문이란 고문은 다 당했다. 고춧가루 고문, 물고문, 전기고문. 그의 몸이 기억하는 가장 힘든 고문은 손톱 밑에 이불 꿰매는 큰 바늘을 찔러 넣는 것. 열 손톱이 부옇게 뜨면서 몸의 가장 끄트머리부터 심장까지 조여 오며 온몸으로 전기가 지릭지릭 흘렀다. 24일 동안 24시간 내내 그는 생과 사를 수도 없이 오갔다.

    "아무리 힘들어도 내가 간첩짓을 했다고 하면 내 인생이 끝나니까 24일을 버텼는데 하루는 수사관들이 오더니, '동양시멘트 간첩단 사건 알아?' 물어요. '그 일가족이 서른 몇 명이 잡혔다는 건 알고 있습니다' 했더니 '니가 끝까지 아니라고 버티면 니 집안도 똑같이 만들겠다' 이러더라고요. 가족들을 다 죽인다고 하니까 방법이 없으니까 '그럼 선생님들이 쓰라는 대로 쓸 테니 가족은 건들지 마십시오' 했지요. '야, 임마. 진작 그래야지, 너 들어가면 한 이삼 년 있으면 나오는데, 뭐 식구들은 애들까지 다 우리가 살도록 안배를 시켜줄 테니까 걱정하질 말아

라. 그래 한 이삼 년만 가 고생해라.' 이러더만 통닭 한 마리랑 맥주 두 병을 시켜줘요."

마침내 목적을 이룬 수사관들은 나사를 한 번 더 조이듯 당부했다.

"용태야. 우리 수월케 가자. 어서 써라."

"뭘 쓰기는 써야 할 텐데 아는 게 있어야 쓰지. 모른다고 했더니 이제 와서 오리발 내민다고 또 몽둥이로 두드려. 내 옆에다 서류를 쟁여 놓는데, 그 서류가 이상철 씨라고 나보다 6개월 앞선 납북어부 사건으로 잡혀간 사람이에요. 그 서류를 보고 베꼈는데 쓰다보니 이름까지 베꼈어. 김용태라고 해야 하는데 이상철이라고 쓴 거라.(웃음) 그랬다고 또 한참 두드려 맞고……

옷에다가 싸기도 많이 쌌습니다. 물 끼얹어서 옷 갈아입혀서 다시 시작하고 다시 작성하고. 겨우 다 쓰고 나니까 그때부터 나보고 북에 있을 때 노동당 가입했다고 쓰라고 해요. 내 참 어이가 없지. 오죽하면 법원에서 판사가 그래요. 나이 열세 살이 무슨 노동당에 가입했겠냐고. 나중에 그 내용은 없어졌지만, 아무튼 다 써놓고 생각해보니 이걸로 인해 또 죽지 싶더라고. 또 쇼를 했는 기라. 위에서 한 말은 전부 거짓말이라고 해서 죽도록 맞고. 다시 썼어. 사병들 시켜 약 바르고 치료를 대충 하더라고요.

진술서를 다 완성하니까 너 고향에 가면 뭐 고목 같은 거 나무 없냐고 물어요. 고향 어디에 산소가 있고 우리 어렸을 때

집 옆에 감나무 큰 게 하나 있다고 했더니 같이 가보자고 해요. 거기 가서는 나무 밑을 파라고 시켜요. 뭐 하는 거냐면 증거 만 든다고 그러는 거야. '난수표 묻은 자리'라면서 처음엔 우리 할 아버지 산소 비석 밑에까지 파라고 하다가 조상이 무서워 안 되 겠는지 다시 고목나무 아래 데려가서 현장 검증 사진 한 장 찍 어요. 또 소주병 던지는 폼을 잡으라고 시켜서 사진 한 장 찍어. 난수표 꺼내서 던졌다는 증거로 삼으려고 시키는 거야."

비밀 재판서 13년형 선고 "내가 할 수 있는 건 이게 다다"

강릉교도소에 수감된 그는 철저히 고립됐다. 1심 재판이 다 끝나도록 면회 한 번을 못했다. 가족들 편지도 면회도 차단 됐다. 그는 법원에서 호소했다. 재판장님, 가족들 면회를 시켜 줘야 나도 변호사를 살 거 아닙니까. 재판장은 국선변호사를 선 임해주니까 걱정하지 말라고 했다. 보안사 수사관이 수시로 찾 아왔다. "너 말 바꾸지 마라." "말 바꾸면 가족들 다 잡혀온다." 김용태는 재판장에서 무조건 "예, 예"라며 거짓으로 꾸며진 자 신의 죄를 인정했다. 몹쓸 고통 때문에, 가족이 걸려 있어서 감 히 부인할 수 없었다. 1심에서 무기징역이 선고됐다.

"검사가 다시 보안사에 넘어가고 싶지 않으면 제대로 하 라고 하고 지들끼리 눈을 꿈쩍꿈쩍하고 그래. 우리나라 공안검사들은 인간들이 아니라니까."

김용태는 항소를 해서 서울에 왔다. 가까스로 가족들과 연락이 닿았다. 면회 온 형님한테 사정했다. 변호사 좀 선임해 달라고. 빚을 300만 원 내서 겨우 변호사를 구했다. 그토록 어렵게 구한 변호사는 그를 보자 대뜸 말했다. "전부 다 부인한다고 해서 판사가 알아주지도 않으니 시인할 건 시인하고 갑시다."

"나 참 얄궂은 변호사를 찾은 거야. 뭘 시인해요. 다 조작인데. 법원에서 김성일 판사가 '김용태는 본 사건에 있어서 뚜렷한 증거가 없다' 이랬거든요. 교도관도 나는 100프로로 나간다고 했어요. 근데 검사가 하는 소리가 뭐냐면, 한 번만 더 재판을 연기해주면 확실한 증거를 제시하겠다고 해요. 판사가 그러죠. 여태까지 제시하지 못한 증거를 갑자기 어디서 어떻게 만들어 내겠다는 거냐. 아무튼 판사가 85년 1월 6일 날 오후 5시에 104호 법정에서 선고 재판을 하겠다고 하는데 우리나라 재판이 오후 5시에 한 예가 없거든요. 이상한 거야. 재판 날짜가 얼마 안 남아가지고 일주일 만에 재판이 붙었어요. 근데 서울고등법원에서 이상한 지하통로로 나를 데리고 가더라고요. 판사 집무실에 끌고 갔는데 판사가 재판장에 혼자 앉아 있어. 내가 어리둥절해 있는데, '김용태 선고 재판 하겠다', 이러는 거야. 내 벌떡 일어나가지고 재판장님, 우리 가족들이 법정에서 다 기다리고 있는데 왜 이렇게 비밀 재판을 하느냐고 했더니, 내가 자네한테

열네 살 납북어부, 억울해서 공부하고 돈 벌어 남 주다

긴히 할 얘기도 있고 해서 불렀대요. 일단 선고부터 하겠다더니 13년을 선고를 하는 거지. 판사님이 증거 없다고 하지 않았느냐, 어떻게 된 거냐고 물었더니 판사가 그래요. '내가 할 수 있는 건 이게 다다.'"

자격증을 하나하나 늘려가는 재미

보안사에서 다시 고문당하고 싶냐고 협박하는 검사, 시인할 건 시인하고 가자는 무기력한 변호사, 뚜렷한 증거는 없지만 내가 할 수 있는 건 이게 다라고 말하는 판사에 의해 한 사람의 간첩이 탄생했다. 그것은 아무 죄 없는 한 사람이 대전교도소에서 13년을 살게 됐다는 걸 의미했다.

"대전교도소에 갔더니 아버지한테 편지가 왔다며 교무과장이 불러요. 가봤더니 영감이 내가 잡혀 있다는 소리를 듣고서 혈압이 터져가지고 글씨도 제대로 못 쓰면서 편지를 쓴 거야. 교도소장님한테 내 아들 용태가 간첩짓을 했다고 그러는데 간첩짓을 한 놈을 왜 살려놓나 이기라. 판사한테 얘기를 해가지고 사형을 시키라고 쓴 거예요. 아부지 맘이 오죽했으면 그랬겠어요. 그때는 집안에 간첩이 있다는 것만 해도 풍비박산이 났거든. 우리 가족들은 저놈이 아무 짓도 안 했는데 잡혀갔을 리가 없다고 생각한 거야. 그 아버지가 6년을 누워 계시다가 돌아가셨어요. 아무튼 그때 교무과장이 나한테 전향하래. '전향이 뭡니까?' 사상을 바꾸는 거래. '내가 공산주의자 사상을 가진 것도 아니고 대한민국 국민으로서 사는데 사상을 바꾸라는 건 공산주의자가 되라는 거요?' 그랬더니 전향서를 안 쓰면 형이 끝나도 충주감호소로 가야 한대요. 어차피 사회에 나가긴 나가야 할 텐데 안 쓸 수가 없었죠."

　　김용태는 독방에서 지냈다. 운동시간에 옆방 사람이랑 안면을 트고 '통방'을 했다. 간첩 조작 사건에 연루돼 들어온 사연을 들려주었다. 옆방 사람은 어차피 받아놓은 세월만큼은 보내야 하니까 공부를 하라고 권했다. 공부? 그로서는 아무 길이 보이지 않았다. 가족들은 그를 등졌다. 시골 사람들은 판검사는 거짓말을 안 하는 것으로 안다. 그가 아무리 간첩활동을 안 했다고 해도 자식의 말보단 판사의 말을 믿었다. 누구 하나 도와줄 사람이 없는데 어떻게 공부를 할 수 있는지 그는 알지 못했다. 귀인처럼 나타난 옆방 사람은 교재 마련은 교무과장한테 말하라며 이것저것 귀띔했다. 교무과장은 곧 중학교 완전정복을 한 박스 주었다. 책은 구했는데 문제는 필기구. 감옥에서는 밀서를 써서 보낸다 해서 필기구를 허용하지 않는다. 김용태는 젓가락으로 물을 찍어서 마룻바닥에 쓰는 방법을 택했다. 물이 마르기 전에 수학 문제를 풀었다. 그렇게 대전교도소에서 공부를 시작한 지 한 달 만에 대구교도소로 이감됐다. 장소는 아무런 문제가 되지 않았다. 공부한 지 3개월 만에 중학교 검정고시에

열네 살 남북어부, 억울해서 공부하고 돈 벌어 남 주다

합격했다. 고졸 검정고시는 수학이 어려워 세 번 만에 합격했다. 그는 곧이어 공공직업훈련소 훈련생에 지원했다. 나가서 살길을 찾기 위한 준비다.

"대구교도소에서 3층 건물 공사를 하는데 내가 거기에 투입됐거든요. 사회에서 그 일을 하다 갔으니까 얼마나 잘해. 거기서 작업반장까지 했어요. 진짜 출세한 거거든. 그런데 내가 훈련생으로 간다고 자원했죠. 원래 공안수는 훈련생으로 안 받아줄라고 하는데 나는 거기 가려고 단식투쟁을 4일 했어요. 말썽 안 피우는 조건으로 보내준다 해서 갔죠. 조적기능사 훈련생으로 가서 기능사 자격증을 여러 개 땄어요. 미장기능사 2급, 조적 2급, 가구기능사 2급, 창호기능사 2급. 자리가 딱 잡혀서 이제 좀 편하게 살라 그러니까 또 나를 광주교도소로 보내버려.

광주교도소 갔더니 한 놈이 '아가, 어디서 왔냐?' 그래. 내가 '야이 시발 놈아. 너는 이래 큰 아도 키우나' 하고. 교도소에다 부탁했지. 다른 거 원하는 거 하나도 없고 공부만 하게 해달라고. 안 된다 하더라고요. 안 되면 대구교도소로 다시 보내달라고 단식을 14일을 했어요. 죽기 살기로 하는 거죠. 우리가 싸울 수 있는 게 단식밖에 없거든. 3일 이상 단식을 하면 법무부에 보고해야 돼요. 콧구멍에 강제 급식을 시켜요. 나 강제 급식시키면 혀 물어버린다고 버텼죠. 그래서 목 공장으로 보내줬어요. 목공기능사 1급 자격증 시험에 합격했고, 그때부터 주위에 있는 애들을 가르쳤죠. 도면 그리는 거부터 다 가르쳤어요. 내가 3년 동안 가르친 애들이 한 200명은 될 겁니다."

공부해서 남 주기. 배우고 익히고 나누고, 자격증을 하나하나 늘려가는 재미가 커졌다. 김용태는 그 어렵다는 건축기사 시험까지 욕심냈다.

"제가 건축기사 공부를 꾸준히 해왔거든요. 건축기사 시험을 보겠다고 했더니 대학교 졸업생들도 따기 힘든 거를 초등학교 나왔는데 어떻게 따느냐고 그래요. 나 고등학교 검정고시 땄다고. 근데 건축기사가 2급은 전문대 2학년부터 응시 자격이 있대요. 나는 경력으로 건축기사 2급 시험을 봤어요. 필기는 한번에 합격했는데 실기는 도면을 본 적이 없으니까 어렵더라고요. 누가 하는 거 한 번만 보면 수월할 텐데 그게 상황이 안 되니깐. 실기는 세 번 불합격하면 필기 합격 자격을 상실해요. 계속 떨어져서 필기 다시 한 번 보고 여섯 번 만에 최종 합격했어요. 도면을 많이 그리다보니까 건축기사 1급을 따는 데는 상당히 도움이 되더라고요. 건축기사 2급 취득하고 2년간 경력 쌓으면서 건축기사 1급을 봤는데 필기 실기 다 한 번에 붙었어요. 수능시험 공부하면서는 옆에 사람들 빨래를 한 달 동안 해주고 책한 권 구하고 그랬어요. 광주교도소에서는 자리가 잡히니까 모범수 한 명 선정하는데 내가 뽑히고. 그때 되니까 내가 필요한 책을 구하기가 수월했죠. 수능을 봤는데 점수가 너무 안 나와서 그 점수로 갈 수 있는 데가 없더라고요. 제 경력으로 광주대학교 건축공학과 야간에 특별전형으로 합격했어요."

빚 다 갚고 나니 남은 돈 20만 원

12년 6개월의 감옥생활. 김용태는 가석방이 결정됐다. 나름은 성탄절 특사였다. 그런데 가석방 일수를 세어봤더니 13일이었다. 고작 13일 먼저 보내주고 가석방했다고 신문에다 대서특필하려는가 싶어 버텼다. 교무과장이 와서 손이 발이 되도록 빌었다. "좀 나가달라"고.

"나오자마자 형님한테 전화를 했죠. 형님 제가 나왔습니다 하니깐 '어지간하면 그쪽에서 자리를 잡고 살아라' 하는 거야. 고향에 오지 마라 이거야. 갈 데가 없으니까 광주서 나하고 자매결연을 맺었던 목사님이 있어요. 그 교회에서 청소해주고 뭐 고칠 거 있으면 고쳐주고 누워 자고 밥 한 번씩 얻어먹고 지냈죠. 13년 만에 사회에 나오니깐 사회물정을 하나도 모르겠는 거예요. 횡단보도를 건너려고 하는데 발을 딱 내딛다가도 저쪽에서 차가 와가지고 나를 칠 것 같아요. 파란 불인데도 그래요. 옆 사람한테 도와달라고 해서 겨우 건넜어요. 사람을 믿지를 못하는 거죠. 믿음이란 게 완전히 다 깨졌어요.

교도소에 막 들어갔을 때 한 달 월급이 860원인데 조금씩 등급이 올라서 나올 때 120만 원을 챙겨 나왔어요. 목사님이

10만 원 보태줘서 광주대학교를 갔죠. 낮에는 현장에서 일하고 밤에는 학교 가고. 하루에 잠을 두 시간 정도밖에 안 잤어요. 광주에서 강원도 양구까지 가서 공사를 했어요. 피곤한 줄도 모르고 일했죠. 목사님은 나를 목회자 만들라고 신학대학 가라는데 아버지 나는 목회자가 될 자격이 없습니다. 건축이 꿈인데 그냥 하게 내비두세요, 했더니 하나님 뜻이지 니가 무슨 자격이 있고 없고 하냐고 목사님이 자꾸 중퇴하고 신학대학 가라는 거야. 트러블이 생겨서 교회하고 등지고 나왔죠. 오갈 데가 없죠.

제가 건축기사 1급 시험 합격하니까 교도소로 한국일보 기자들이 찾아와서 대한민국에서 초등학교 졸업하고 건축기사 1급 취득한 사람이 내가 처음이라면서 '인간 승리'라고 기사가 났어요. 덤으로 뭐라고 실어놨냐면 '김용태 씨 출소하면 00기업에서 스카웃하기로 했다'. 96년 12월에 그 말을 믿고 이력서 써가지고 찾아갔더니 얼마 전에 티오가 다 찼다 이러더라고. 그냥 핑계로 하는 말이겠죠. 아는 사람 소개로 공사를 했어요. 한 6개월 일하고 나니까 한 6,000만 원이 통장에 들어 있더라고요. 돈을 잘 벌었죠. 5층짜리 건물 하나 지으면, 벽돌이 10만 장 이상이 들어가거든요. 그 10만 장을 쌓다가 어디에서 수평을 봐도 2미리 이상 차이가 나는 곳이 없을 정도였어요. 광주에서 '조적은 김용태' 이랬다니까. 99년 4월에 부도를 맞았거든요. 부도 맞은 금액이 2억 6,000인데 나중에 처리가 다 되더라고요. 그니까 벌기도 엄청 벌었죠.

빚 다 갚고 나니까 딱 20만 원 남아. 그때만 해도 난 어디 가도 한 푼도 없어도 산다, 다시 시작하면 된다 하고 살았는데, 한 번 크게 부도 맞고 나니깐 못 일어서겠더라고요. 광주 깡패들이 나를 찾아와서 행님 우리가 지원해줄 테니까 다시 한 번 시작하십쇼 그러는데 나를 그렇게 끌어들이려고 부르지 마라했지. 나는 젊었을 때부터 소신을 갖고 있어. 세상에 최고 깨끗한 돈이 내가 땀을 흘려서 번 돈이다."

빚잔치를 말끔히 끝내고 남은 돈 20만 원을 챙겨 마산으로 갔다. 마산 아래 양덕에 12만 원짜리 달세방을 하나 얻고, 연탄 세 개 사고 냄비 작은 거 하나 사고 하룻밤을 잤다. 다음날 인력소개소 사무실에 찾아갔다. 건축 분야의 기술자라고 자신을 소개했다. 업주는 힐끔 보더니 일하는 걸 안 봤는데 당신이 기술자인지 아닌지 어떻게 아느냐고 했다. 저 서쪽 산 가서 돌무지나 하라는 일감이 주어졌다. 당시 일당 13만 원 받던 기술자인 그는 일당 5만 원에 팔려갔다. 인력비 5,000원을 떼고 4만 5,000원을 받아서 집에 들어갔다. "눈물이 났다." 4만 5,000원이 그렇게 크게 느껴진 적이 없었다.

이상하게 가슴 한쪽이 허전해

김용태에게는 아들이 있다. 그가 간첩 조작 사건에 연루돼 끌려갔을 때 네 살이었다. 그때 보고 못 본 아들을 찾기 위해 전국을 뒤지고 다녔다. 드디어 연락이 닿았고 광주역에서 만났다. 열아홉 살이 된 아들을 그는 바로 알아봤다. 광주에서 3일을 같이 지내고 헤어질 때 아들이 말했다. "아버지, 내가 아버지한테 해줄 건 다 했고. 아버지 내하고 인연 끊읍시다." 무엇 때문에 그러는가 그가 조심스레 물었다. "아버지는 내 인생에 아무 도움이 안 됩니다."

"얘가 경찰 시험에 필기까지 합격했는데 면접에서 떨어진 거지. 필기도 붙고 만능 스포츠맨이고 떨어질 이유가 없어. 단지 아버지가 간첩이라는 이유로 그런 거야. 나한테 그래놓고 올라가서 한 달도 안 돼서 한강에서 투신자살한 거야. 애가 그렇게 죽은 것도 나는 몰랐어요. 4년이 지나고 난 다음에 풍문으로 들었어요. 강원도 형님한테 왜 나한테 바로 안 알렸냐고 하니까 니 성질에 대형사고 칠까봐 안 알렸다 그래요. 내가 지금 웃는 게 아닙니다. 모르는 사람들은 아이까지 지 가슴에 묻고 저래 사나 하지만, 안 웃고 괴로워하면 살 수가 없어. 웃다보니까 웃음이 습관이 됐어."

김용태는 아들을 잃고 애도의 시간을 보냈다. 그리고 마산에서 새 반려자를 만났다.

"이혼하고 애들 둘 키우는 여자였는데 애들 때문에 항상 얼굴을 찌푸리고 사는 거라. 큰놈은 기소중지 걸려가지고 도망을 다니고 있고, 작은 놈은 술집에서 아르바이트를 하고 있고.

야 이놈들아 너들 지금도 안 늦었으니까 공부를 해라, 그랬더니 우리가 공부할 여건이 됩니까 이러대. 어떻게든 내가 공부를 시켜줄게, 공부를 해라. 한 놈 경남대학교 보내고, 한 놈은 부산해양대학교 보내고, 둘을 대학을 한 번에 보냈거든. 그래 이놈들이 아버지, 아버지 하고 잘했어요. 나도 진짜 내가 자식이 없고 하니까 내 자식이다 이러고 살았어. 근데 애들 엄마가 의료사고가 나서 갑자기 죽었어. 대충 눈에 보이는 빚을 갚고 나니까 1억 6,000만 원이 남드라고. '큰놈아 니는 애도 있고 니 가정이 있으니까 니 9,000만 원 가져가고, 니 7,000만 원 가져가고, 가져가라.' '그럼 아버지는요?' 하길래 아버진 혼자 몸뚱이고 아직까지 살 길은 있다. 그러고 통장에 입금해줬더니 그때부터 전화 연락이 딱 끊어져버려요. 소식도 하나 없고.

그때부터 술을 먹었어요. 하루에 소주 일고여덟 병까지 먹었지. 나중에 위가 막 뚫렸어요. 술을 그래 먹다가 음주에 사고가 났어. 수습하다보니 돈이 한 50만 원 모자라길래 염치 불구하고 전화를 했지. 사실 내가 술을 먹고 운전을 하다 이래 됐는데, 돈이 한 50만 원 모자라니 좀 돌려줘라 하니깐, 우린 싹다 쓰고 돈이 한 푼도 없습니다 하고 짤라버리더라고. 그래 야, 내가 참 유순한 놈이구나, 저런 걸 내가 새끼라고 여태까지 돌봐왔으니까. 알았다, 앞으로 찾지도 말고 서로 보지도 말자."

2014년 어느 날 다시 전화가 걸려왔다. 대뜸 "아버지 접니다"라며 안부를 주고받더니 넌지시 물었다. "아버지 요새 뭐 좋은 소식이 들리대요?" 김용태는 예감했다. 그가 재심을 청구해 국가에서 보상금을 받았을 즈음이다. 냉정하게 잘라 말했다. "누가 니 아버지고? 앞으로 전화하지 마라." 그렇게 또 하나의 인연의 가지가 잘려나갔다.

"이상하게 술을 안 먹으면 가슴이 허전해. 이쪽이 하나는 없는 거 같고. 가끔 그런 게 있어요. 그동안에 참 마음 고생도 많이 했고 사람들한테 배신도 많이 당했고. 이 사람은 내가 이만큼을 주면, 내가 열 개를 주면 최소한 열 개는 몰라도 한 다섯 개는 줄 것이다 이랬는데, 보니깐 사람이 안 그렇더라고요. 이 사람한테 더 이상 나올 게 없다 싶으니까 돌아서는 게 인간이더라고. 그래 이제 내가 사람을 안 믿는다고. 진실화해위원회에 재심 신청할 때 진정서를 써가지고 형님한테 사인해주소 했더니, 형님이 가만있으면 조용할 텐데 왜 그걸 만드냐고 그래. 아버지 돌아가시고 상속분을 난 한 푼도 안 가져오고 형제들한테 다 갈라줬거든요.

나중에 재심이 무죄판결 나고 보상금이 나와서 전처 애 엄마한테도 2억 보상 받아줬고 형제들 한 앞에 8,000만 원씩 다 줬어. 자형 같은 경우는 나보고 처남 니가 우리 노후대책 마련해줬다고 해요. 큰형은, 어머니 제사 때 올라가니까 베개를 들고 내가 이 방에 가면 따라오고 저 방에 가면 따라와요. 왜 그러시냐고 했더니 니하고 하루 자고 싶어서 그런다면서 딱 한마디

열네 살 남북어부, 억울해서 공부하고 돈 벌어 남 주다

하는 게 '그동안 욕봤다'. 야, 그 말이 8,000만 원짜리예요."

김용태는 30년 만에 명예를 되찾았다. 그 보상금을 자신을 의심하고 외면하고 지켜주던 사람들에게 고루 돌려주었다. 자신을 위해서는 마산에 집 한 채 마련하고 노후대책 삼아 버섯 농장을 만들었다. 건축일은 이제 몸이 힘들어 서서히 내려놓는 중이다. 그래도 그 아니면 안 된다고 간청하는 이들을 위한 집 짓기는 계속한다. 힘 닿는 데까지 돈을 벌어서 절반은 아내에게 주고 반은 장학재단을 차릴까 생각한다. '직업은 삶의 척추'라는 어느 철학자의 말대로 유난히 부침이 심하던 그의 삶의 중심을, 건축일은 잡아주었다. 사람을 만나고 살게 했다. 일에서 얻은 귀한 인연의 씨앗을 그는 장학재단을 차려 세상에 다시 돌려놓고 싶다.

1984. 국가보안법 위반으로 체포
1984. 8. 1. 춘천지방법원 강릉지원에서 징역 17년 및 자격정지 17년 선고
1985. 1. 14. 서울고등법원에서 징역 13년 및 자격정지 13년 선고
1985. 4. 9. 대법원에서 상고 기각되어 형 확정
2011. 4. 7. 서울고등법원 재심 신청
2014. 1. 10. 서울고등법원 무죄 선고
　　　1. 27. 검사 대법원 상고
　　　6. 26. 검사의 상고 기각 판결 무죄 확정

간첩 조작 사건 무죄 목록

* 과거 간첩사건으로 유죄판결을 받았던 많은 사람들이 재심을 통해 무죄판결을 받고 있다.

1948 최능진 국방경비법 위반 사건, 사형 집행-2015년 무죄

1958 진보당 사건, 조봉암 사형 집행-2011년 무죄

1959 심문규 이중간첩 사건, 사형 집행-2012년 무죄

1961 민족일보 사건, 조용수 사형 집행-2008년 무죄

1961 법무부 검찰국장 위청룡, 중앙정보부 조사 중 사망-2013년 국가 배상 판결

1965 지하당 조직 사건, 오진영 등 6명-2013년 무죄

1968 납북어부 간첩사건, 백남욱 외 5명 징역 1년~5년 선고-2008년 무죄

1968 남조선 해방전략당 사건, 권재혁 사형 집행-2014년 무죄

1969 이수근 이중간첩 사건, 사형 집행-2008년 무죄

1969 유럽 거점 간첩단 사건, 박노수, 김규남 사형 집행-2015년 무죄

1969 재일교포 임문준 등 간첩사건 무기징역-2013년 무죄

1969 충남 서천 납북어부 김성덕, 최순복 등 반공법 위반-재심 결정 진행 중

1970 대구 간첩사건 최건석 징역 8년 선고-2015년 무죄

1971 재일동포 구말모 간첩사건, 징역 15년 선고-2012년 무죄

1971 조총련 간첩 김용담 사건, 징역 1년 6월 선고-2014년 무죄

1972 납북어부 박월림 간첩사건, 징역 4년 선고-2012년 무죄

1973 납북어부 최만춘 외 8명 간첩사건, 징역 1년~10년 선고-2012년 무죄

1973 포철이사 김철우 간첩사건, 징역 10년 선고-2013년 무죄

1973 서울대 최종길 교수, 중앙정보부 조사 중 사망-2006년 국가 배상 판결

1974 조총련 간첩사건 제주 오성재 사건, 징역 3년 선고-2014년 무죄

1974 재일동포 고병택 간첩사건, 징역 10년 선고-2013년 무죄

1974 김용준 간첩사건, 징역 10년 선고-2009년 무죄

1974 문인 간첩단 사건, 이호철 등 징역 1년 선고-2011년 무죄

1974 유럽 거점 간첩단 사건, 김장현 등 징역 4년 선고-2012년 무죄

1974 울릉도 간첩단 사건, 무기징역 선고 등-2014년 무죄

1974 민청학련 사건, 여정남, 도예종, 서도원, 하재완, 이수병, 김용원, 우홍선, 송상진 사형
집행-2009년 무죄

1974 김도원, 차은영 광양 부부 간첩사건, 징역 2년 선고-2016년 무죄

1974 재일동포 유학생 김승효 간첩사건, 징역 7년 선고-재심 중

1975 재일동포 김우철, 김이철 형제 간첩사건, 징역 10년 선고-2010년 무죄

1975 재일동포 유학생 김동휘 간첩사건, 징역 4년 선고-2011년 무죄
1975 재일동포 유학생 김원중 간첩사건, 징역 7년 선고-2012년 무죄
1975 재일동포 유학생 이동석 간첩사건, 징역 5년 선고-2015년 무죄
1975 재일동포 유학생 김종태 간첩사건, 징역 7년 선고-2013년 무죄
1975 재일동포 유학생 조득훈 간첩사건, 징역10년 선고-2014년 무죄
1975 재일동포 유학생 강종헌 간첩사건, 사형 선고-2015년 무죄
1975 재일동포 유학생 이철 간첩사건, 사형 선고-2015년 무죄
1975 재일동포 유학생 강종건 간첩사건, 징역 5년 선고-2015년 무죄
1975 재일동포 유학생 허경조 간첩사건, 무죄-2012년 국가 배상 판결
1976 납북어부 김수남, 김광윤 징역 2년 등-2015년 무죄
1976 납북어부 이길부, 송기철, 김광국 등 징역 7년 등-2013년, 2014년 무죄
1976 납북어부 김이남 간첩사건, 징역 20년 선고-2014년 무죄
1976 재일동포 유학생 최연숙 간첩사건, 징역 5년 선고-2016년 무죄
1976 납북어부 정규용 간첩사건, 징역 15년 선고-2014년 무죄
1976 제주 어부 간첩사건, 징역 10년 선고-2014년 무죄
1977 재일동포 유학생 류영수 간첩사건, 무기징역 선고-2012년 무죄
1977 재일동포 유학생 유서삼 간첩사건, 징역 3년 6월 선고-2013년 무죄
1977 재일동포 유학생 김정사 간첩사건, 징역 10년 선고-2013년 무죄
1977 재일동포 강우규 간첩사건, 사형 선고-2014년 무죄
1977 납북어부 안 씨 부부 간첩사건, 징역 15년 선고 등-2015년 무죄
1978 태영호 사건, 징역 10년 선고 등-2008년 무죄
1978 정하진 반공법 위반 사건, 징역 2년 6월 선고-2013년 무죄
1978 조총련 간첩사건, 제주 양한병, 양동우 징역 7년 선고 등-2014년 무죄
1978 납북어부 박우용 징역 10년 선고-2013년 무죄
1978 납북어부 김홍수 징역 15년 선고-2014년 무죄
1978 조총련 관련 박순애 징역 12년 선고-2015년 무죄
1979 삼척 고정 간첩단 사건, 진항식, 김상회 사형 집행-2014년 무죄
1979 납북어부 간첩사건, 배일규 징역 6년 선고-2015년 무죄
1980 신귀영 일가 간첩사건, 신귀영 외 3명 징역 15년 선고 등-2009년 무죄
1980 석달윤 등 간첩사건, 무기징역 선고 등-2009년 무죄
1980 김기삼 간첩사건, 징역 7년 선고-2009년 무죄
1980 재일동포 간첩사건, 윤정헌 징역 7년 선고-2011년 무죄
1981 진도 가족 간첩단 사건, 김정인 사형 집행-2012년 무죄
1981 납북어부 강경하 간첩사건, 징역 7년 선고 수형 중 사망-2011년 무죄

1981 납북어부 이성국 간첩사건, 징역 10년 선고-2011년 무죄

1981 재일동포 이헌치 간첩사건, 무기징역 선고-2012년 무죄

1981 아람회 간첩단 사건, 박해전 외 4명 징역 10년 선고 등-2009년 무죄

1981 부림 사건, 징역 7년 선고 등-2014년 무죄

1981 조총련 관련 제주 김평강, 허간회 간첩사건, 징역 7년 등-2014년 무죄

1982 오송회 사건, 이광웅 등 9명 징역 4년 선고 등-2008년 무죄

1982 차풍길 간첩사건, 차풍길 징역 10년 선고 등-2008년 무죄

1982 재일동포 유학생 이종수 간첩사건, 징역 10년 선고-2010년 무죄

1982 재일동포 유학생 박영식 간첩사건, 징역 15년 선고-2014년 무죄

1982 송 씨 일가 간첩사건, 송지섭 외 일가족 12명 징역 6년 선고 등-2009년 무죄

1982 납북어부 김영일 간첩사건, 징역 10년 선고-2012년 무죄

1982 일본 방문 김장길 간첩사건, 징역 10년 선고-2012년 무죄

1982 재일동포 김양수 간첩사건, 징역 8년 선고-2014년 무죄

1983 함주명 간첩사건, 무기징역 선고-2005년 무죄

1983 조총련 간첩사건, 오주석 징역 7년 선고-2010년 무죄

1983 조총련 간첩사건, 김상순 징역 12년 선고-2015년 무죄

1983 조총련 간첩사건, 최양준 징역 15년 선고-2011년 무죄

1983 조총련 간첩사건, 구명우 징역 7년 선고-2011년 무죄

1983 납북 귀환 어부 정영 간첩사건, 무기징역 선고-2010년 무죄

1983 납북 귀환 어부 이상철 간첩사건, 징역 17년 선고-2012년 무죄

1983 재일동포 유학생 박박 간첩사건, 징역 10년 선고-2012년 무죄

1983 재일동포 이주광 간첩사건, 징역 15년 선고-2015년 무죄

1983 조총련 간첩사건, 김상원 징역 7년 선고-2013년 무죄

1984 납북어부 서창덕 간첩사건, 징역 10년 선고-2008년 무죄

1984 조총련 간첩사건, 이장형 무기징역 선고-2008년 무죄

1984 조총련 간첩사건, 조봉수 징역 11년 선고-2013년 무죄

1984 재일동포 조일지 간첩사건, 징역 7년 선고-2012년 무죄

1984 재일동포 유학생 허철중 간첩사건, 징역 8년 선고-2013년 무죄

1984 재일동포 유학생 윤정헌 간첩사건, 징역 7년 선고-2011년 무죄

1984 납북 귀환 어부 윤질규 간첩사건, 징역 10년 선고-2012년 무죄

1984 납북 귀환 어부 김용태 간첩사건, 징역 14년 선고-2014년 무죄

1985 이준호, 배병희 모자 간첩사건, 징역 7년 선고 등-2009년 무죄

1985 납북 귀환 어부 정삼근 간첩사건, 징역 7년 선고 등-2009년 무죄

1985 조총련 간첩사건, 구명서 징역 7년 선고-2011년 무죄

1985   조총련 간첩사건, 류한기, 황병구 징역 5년 선고 등-2011년 무죄

1985   홍종열, 박희자, 변두갑 등 간첩단 사건, 징역 7년 선고 등-2012년 무죄

1985   납북 귀환 어부 이병규 간첩사건, 징역 7년 선고-2011년 무죄

1985   납북 귀환 어부 김춘삼 간첩사건, 징역 2년 선고-2014년 무죄

1986   광주보안대의 가혹행위로 임성국 사망-2009년 국가배상 승소

1986   서울서부경찰서에서 국가보안법 혐의로 조사받던 신호수 사망-2010년 국가배상 승소

1986   조총련 간첩사건, 김양기 징역 7년 선고-2009년 무죄

1986   재일동포 이동기 간첩사건, 징역 7년 선고-2015년 무죄

1986   재일동포 김순일 간첩사건, 징역 12년 선고-2015년 무죄

1986   심진구 고문 피해 사건, 징역 2년 선고-2012년 무죄

1988   조총련 간첩사건, 김철 징역 7년 선고-2013년 무죄

1993   김삼석, 김은주 남매 징역 3년 6월 등 선고-2016년 간첩 부분 무죄

1994   구국전위 사건, 징역 3년 선고-1997년 무죄

1997   동아대 자주대오 사건, 징역 10년 선고 등-1999년 무죄

2011   탈북자 한준식, 중앙합동신문센터에서 조사받던 중 사망

2013   유우성 서울시 공무원 간첩 조작 사건-2015년 무죄

2014   홍강철 보위부 직파 간첩 조작 사건-2016년 무죄

연표

대한민국	연	이성희	박순애	김순자
	1926	8.17. 출생		
	1930		3.3. 출생	
	1936			
	1939	소학교 졸업		
	1940			
	1941	이리농림학교 입학		
	1942			
	1943			
	1944			
8.15. 광복 10. 재일조선인연맹(조련) 결성	1945	군 제대	김제여고 입학	출생
10. 3. 재일본조선거류민단(민단) 발족	1946		전북여고 편입	
	1947		진주여고 전학	
4.3. 제주 4.3항쟁 발생 7. 국방경비법 제정(~1962) 8. 대한민국 정부 수립 9.7. 반민족행위자 처벌법 제정 10.19. 여순 사건 발생 12.1. 국가보안법 제정	1948	이리농림학교 졸업 전북대 입학	전주간호학교 입학	
1.1. 반민특위 발족 5.20. 국회 프락치 사건 6.6. 반민특위 습격 사건	1949		명륜학원(현 전북대) 법학과 입학	남동생 김태룡 출생
6.25. 한국전쟁 발발	1950		아영면 여성동맹위원장	
2.19. 거창 양민학살 사건 발생 2.11. 초대 수도경찰청 수도국장 최능진 국방경비법 위반으로 사형	1951		어머니 돌아가심	
2.15. 제1차 한일회담 개최(65년 협정 완료) 7.7. 제1차 헌법 개정(발췌개헌)	1952	전북대 졸업 수의학과 조교로 재직 4.26. 약혼 5.6. 결혼		
6.8. 포로교환협정 조인 6.18. 반공포로 석방 7.27. 휴전협정 조인 10.1. 한미상호방위조약 조인	1953	2. 큰아들(이재근) 출생		여동생 김영자 출생
11.29. 제2차 헌법 개정(4사5입)	1954	12. 둘째아들(이재호) 출생		

이정미 (심진구의 처)	김용태	김홍수	김평강
		4. 16. 황해도 옹진군 출생	
			11. 27. 출생
			1. 2. 산사람들에 의해 부친 사망
		전쟁 발발 후 인천 덕적도로 피난	
		선원생활 시작	3. 제주 삼양초등학교 졸업

229

대한민국	연	이성희	박순애	김순자
5.25. 재일본조선인총연합회(조총련) 발족	1955			
	1956			
	1957	셋째아들(이재남) 출생		남동생 김태일 출생
1.13. 진보당 사건 발생	1958			
7.31. 진보당 조봉암 사형 집행	1959			
4.19. 김주열 시체 인양을 계기로 전국적 시위 확산 5. 이승만 하와이 망명 8.23. 장면 내각 성립	1960			
5.16. 군사쿠데타	1961		아버지 돌아가심	
1.20. 국방경비법 폐지	1962			
10.15. 대통령 박정희 당선(제5대)	1963			
3.24. 대학생 한일회담 반대시위 6.3. 비상계엄령 선포 8.14. 중앙정보부 인혁당 사건 수사 결과 발표	1964	2. 동경대학원 재학(~67.11.)		막냇동생 김명숙 출생
6.22. 한일협정 조인	1965			남파공작원 진현식(진외종당숙, 5촌)과 만남(~1975)
	1966			
5.3. 박정희 당선(제6대)	1967	8. 조총련계와 입북 합의 10.31. 입북(~11.4.) 11. 귀국 이후 교수 재직		
10. 주민등록법 개정	1968			큰딸 출생
	1969		7.21. 재일교포 김윤경과 결혼	
4.22. 새마을운동 실시 8.15. 남북통일에 관한 8.15선언 11.13. 전태일 분신 사건 발생	1970		8.31. 도일 11. 이혼	
4.27. 대통령 박정희 당선(제7대) 8.12. 대한적십자사 남북 이산가족 찾기 회담 북에 제시(14일 북 수락) 12. 6. 국가비상사태 선언	1971		오사카 에진바라 호텔	둘째딸 출생
7.4. 남북공동성명 10.17. 비상계엄 선포 12.23. 박정희 선출(제8대 대통령) 12.27. 유신헌법 발효	1972		11.3. 오사카 아카사카 호텔 근무 12.3. 오사카 플로리다 호텔 근무	

이정미 (심진구의 처)	김용태	김흥수	김평강
		결혼	
			3. 제주 재일중학교 졸업
	5. 20. 출생		
		영신호 선원으로 승선	
		4. 29. 연평도에서 북한경비정에 피납 5. 5. 귀환	3. 제주 오현고등학교 졸업
5.24. 남편 심진구 출생			
		2. 복영호 승선	10. 1. 해병대 입대
			양정옥과 결혼
		6. 13. 2차 납북 6. 27. 귀환	
10.31. 이정미 출생			
			한국전력 제주영업소 수금 사원으로 재직
			7. 허간회와 일본으로 밀항
	9. 21. 주문진항 대복호 승선, 오징어잡이 선원 생활 9. 26. 북한경비정에 피납		
	9. 6. 속초항으로 귀환 12. 14. 강릉지원에서 반공법, 수산업법 위반으로 징역 1년 집행유예 3년 선고		

대한민국	연	이성희	박순애	김순자
8.28. 남북조절위 평양 측에서 남북대화중단 성명	1973		1.1. 강아세 가족과 신정을 보냄	
1.8. 대통령 긴급조치 1호 선포 4.3. 민청학련 사건 수사 발표 5.27. 인혁당 재건위(2차 인혁당 사건) 발표	1974	2.15. 중앙정보부 전주분실 연행 3.15. 기소 7.24. 사형 선고, 항소 12.9. 무기징역 감형	1. 재일교포와 재혼(사실혼)	아들 출생
4.8. 대법원 인혁당 재건위 사건 상고 기각 4.9. 인혁당 사건 사형 집행	1975	4.8. 상고 기각. 형 확정.		
8.18. 판문점 도끼 만행 사건	1976			
	1977		7.27. 요코하마 입국사무소로부터 불법체류자로 검거됨 9.9. 김포공항 입국, 수사 시작 9.10. 남산 안기부로 이동	
7.6. 박정희 선출(9대 대통령)	1978		7.28. 국가보안법 위반 등 징역 15년, 자격정지 15년 선고	
8.9. YH무역 여성노동자 신민당사 점거 농성 10.16. 부마 민주항쟁 10.26. 박정희 대통령 사망 12.12. 군사쿠데타	1979			6.14. 삼척경찰서 연행 8.9. 검찰 송치, 기소 12.20. 징역형 선고
5.18. 광주민중항쟁 5.31. 국가보위비상대책위 신설 8.16. 최규하 대통령 하야 8.27. 전두환(11대 대통령) 선출	1980			5.1. 고등법원에서 5년형으로 감형하여 상고 9.9. 대법원 기각, 형 확정
3.3. 제5공화국 출범(전두환 대통령 취임)	1981			
	1982			
9.1. KAL기 폭파사건 10.9. 미얀마 아웅산 묘소 폭파사건	1983			어머니 김경옥 석방(징역 3년 6개월) 아버지 김상회 사형
	1984			
	1985			김순자 석방 (징역 5년)

이정미 (심진구의 처)	김용태	김홍수	김평강
			일본에서 가방 공장 경영 시작
	2. 해병대 지원목적으로 동해시 해군 제1해역사령부에서 신체검사 받음		
	10. 방위병 입대	9. 30. 인천경찰서 대공분실 연행(이근안에게 고문당함)	
	9. 4. 삼척군 소재 동양시멘트 삼척 공장에 입사	4. 8. 인천지원 무기징역 선고 11. 14. 대법원 상고 기각 8. 2. 서울고법 징역 15년 선고	
	7. 18. 위 공장 퇴사		
	태백시로 이전		9. 20. 밀항 단속 12. 김해공항으로 귀국
			4. 18. 제주경찰 정보계에 연행
	4.13. 보안사 연행 5.16.까지 34일간 보안사 분실에서 조사		
5. 서광모드 근무 11. 구로독산지역노동자모임 참여	1.6. 징역 13년 선고		

233

대한민국	연	이성희	박순애	김순자
3.17. 고 박영진 열사 분신	1986			
1.14. 박종철 고문 사건 6.29. 노태우 6.29 선언	1987	8. 교도소에서 환갑잔치		김태일 석방 (징역 7년)
노태우 대통령(13대) 취임	1988	2.25. 20년 감형		
	1989			
	1990		출소	
	1991	2.25. 출소	광주 두암동에서 가정부 생활	
	1992		광주 불로동, 화정동에서 가정부 생활 우산동 임대아파트로 이사	
김영삼 대통령(14대) 취임	1993		서울에서 가정부 생활	
	1994			
	1995			
	1996			
12.3. IMF 구제금융 요청 (~2001.8.23.)	1997			
김대중 대통령(15대) 취임	1998			
	1999			
	2000			김태룡 석방 (무기징역에서 20년형 감형)
	2001			
2002 한일월드컵 개최	2002			
노무현 대통령(16대) 취임	2003			
	2004			

이정미 (심진구의 처)	김용태	김홍수	김평강
2. 구로독산지역노동자모임 해체 9. 서광모드에서 해고됨 11.2. 심진구와 결혼 12.10. 심진구 안기부 남산분실로 연행			
1.15. 심진구 서울지방검찰청에 송치, 국가보안법 위반 혐의로 기소 2. 심진구 전향 기자회견(KBS, MBC 방영) 4.20. 심진구 징역 2년, 자격정지 2년(집행유예 4년) 선고, 항소 포기, 형 확정			
		광주교도소에서 출소	
	광주교도소에서 출소	목 공장에서 일함	
4.1. 안기부 직원 및 안성경찰서 정보과장 고소, 고발 4.30. 검찰에서 공소권 없음으로 기각 7.29. 항고 8.18. 각하 11.16. 헌법소원 청구 12.14. 각하			

대한민국	연	이성희	박순애	김순자
1.25. 국회도서관 대강당, 국가폭력 피해자 증언대회 5.31. 진실화해를 위한 과거사정리 기본법 법률 공포 12.1. 진실화해를 위한 과거사정리 기본법 시행 및 위원회 발족	2005			
	2006	7.26. 진실규명 신청	1.13. 진실규명 신청	11.30. 진실규명 신청
	2007		5.15. 진실규명 조사 개시	2.28. 진실화해위원회 재심 각하
이명박 대통령(17대) 취임	2008			
	2009		5.22. 진실규명 불능 결정 6.25. 진실규명 이의신청	8.3. 진실규명 재신청, 기각
	2010	6.30. 진실규명 결정	4.19. 진실규명 기각 10.22. 서울고법 재심 신청	11.9. 서울고법 재심 신청
	2011			
박근혜 대통령(18대) 취임	2012	서울고법 무죄 선고	7.3. 재심 1차 공판 7.19. 선고 재심 기각(패소) 7.25. 상고	7.26. 서울고법 선고기일(연기) 10.25. 담당 수사관 증인 소환
	2013	6. 대법원 재심 개시 결정		4.25. 무죄 선고 5.22. 검사 대법원 상고 11.14. 대법원 무죄 확정
	2014	12. 대법원 상고심에서 원심 확정		3.28. 형사보상 결정
	2015		3.10. 일본 직장동료가 쓴 진술서 제출 9.10. 대법원 무죄 취지 파기환송 결정 10.7. 재판 11.7. 무죄판결	
	2016			

이정미 (심진구의 처)	김용태	김흥수	김평강
1.10. 진실규명 신청			
10.11. 심진구 재심 신청			
	4. 7. 서울고법 재심 신청	11. 25. 서울고법 재심 신청	
11.20. 무죄 선고 12.11. 검사 항소			11. 30. 광주고법 재심 신청
4.4. 검사 항소 기각 4.16. 검사 상고 7.11. 상고 기각, 무죄판결 8.23. 형사보상 청구			
	1. 10. 서울고법 무죄 선고 6. 26. 대법원 무죄 확정	10. 10. 서울고법 무죄 선고 확정	11. 13. 광주고법 무죄 선고 확정

237

2016년 6월~8월 다음 스토리펀딩에 연재한
<국가폭력, 기억으로 마주서다>에 후원해주셔서 감사드립니다.
후원금은 구술 기록집 제작에 소중하게 사용했습니다.

강미정, 강영순, 강혜지, 강희중(M size), 고은비, 공다경, 권윤석, 권혁도, 김광일, 김경태, 김도경, 김대영, 김민수, 김민영, 김병연, 김봉래, 김봉철, 김산, 김서경, 김선예, 김수정, 김수지, 김승구, 김우, 김은지, 김인수, 김정현마리아, 김종철, 김태국, 김태성, 김현주, 김현철, 김현호, 노승현, 박나나, 박상필, 박성원, 박승찬, 박은호, 박준영, 박지영, 박희진, 배석진, 변경미, 변상철, 변은유, 서정환, 소지섭, 손영숙, 송상만, 신명호, 신현정, 안강회, 안은정, 양경희, 양승수, 오분향, 유선옥, 유상옥, 유우나, 이강선, 이부영, 이선규, 이순주, 이세연, 이슬기, 이연숙, 이영준, 이유미, 이은경, 이은희, 이재경, 이재석, 이지은, 임영희, 이현주, 이희영, 장동석, 장은서, 전미정, 전영신, 정거운, 정란희, 정무용, 정상원, 조명숙, 조성희, 조윤희, 조은별, 조재희, 조준숙, 진서연, 차등남, 천혜진, 최문규, 최수안, 최운환, 최정원, 최한성, 최양숙, 한무영, 한상천, 허병권, 홍강오, 황수경, 황승옥
+may.j, +vin.im, 0421miso, 0691manse, 1995-01, 21cclsrnemf, 225now, 39karisma, 3-sun-2, 50505lhj, 70-point, 8988hs, 9colorcarine, a1003qura, abba10000, abiyahjnk, ace-boy, activism-, ahepfhj, ai-siteroo, amalletofluck, angelet90, anhyeonho, annia87, anny57, ari41, ashcolor, asteka81, aura1972, avfilm123, babyblue-80, big1017, bigduck74, bijou0906, bin-hk, bizkit0312, bjwj, blackcat616, blue1976, caplea, chan-1118, charrym2000, che-fai, chick2025, cmhclub, color1206, colour-s, cong-ran, crisostomus, cs-tek, csw7611, cwjks, d1934895057, dada_8246, dancingdayz, daun97, dbsuddll2, ddua97, dh5652, dkxhvl0226, dltmdwn9108, dnflendb27, dntks0647, doona72, eco2016, eee0110, ehsqortn, eimojumo, ek0608, ekdmadlsso81, e-sshin, esson97, eungi6235, eungyeong0468, evolution14, fhtk1116, force-99, four1218, franceng777, gagie75, gangnam06, gangster75, gayanet1, gayeong4866, geenee63, gimhyeong5224, giran5842, godfeather, gong0030, graypoet0, gzisaeggi, haansan, ha-ha12, hamtori0315, haze007, herzigova, heysunnyxoxoxo, hjs3672, hjtour70, hkg1214, honeyminy, hosigaki, hsms77, ht8836, huni531, hyeok1768, hyosuginero, i9011, iri76, izziko3584, jamessung, jaram_, jclee0, jeo7778, jeseop1468, jh2391, jinbong52, jini4497, jinnara777, jiseungnam, ji-yong, -jjabbab, jjyamore, jointous, joo07lim04, jully9974, junyoung8526, jwygon, jyw48, k71youngg, kafka8062, kdjmangood, kecon, kh601120, kijo10004, kim008yhj, kimevgo, kiminosugao, kimisw79, kisa3334, kissme0220, kjd0505, kkakkuki, kkjj1126, kkm814, kko2999, kko5503, kkumyi2, km0020, kmssung1, koyokan, kwack772, kyeomjo, l9s9w, laghj, linkceo, lmnkhj, loid1, lovehappyday, lovetaebaek, lsw232, lsy3747, lthldh, maniju72, mapasaje, marihuanajua, mee528, min0_-, minai38317, mint0414, mission21, mj5345, mogi2792, myefhc33, myeongae5990, my-s-violet, myungsim, na4999, naomee4, narsiss20, nayeon0806, neoflower76, newagecon, newnwise, nokdu14, ofera68, -ok1210-, orangkea, otwooo, party1120011, peaceladys, pumbalki, qnwk-_-, qotjrwlssla, rainbowchild, rashact, r-conti, rdw519, rich2006, rjatla753, rougu, ryu9589, sainaigi65, sara7760, sasaso, scpure, seulki3, sgs-no1, shbgo, shylove0930, siinco, silkpocket33, skjang1969, skssjfmftkfkdgo, sky1004yks, slow99, so1219me, soonja4201, soopage, sopione, sow888, space27, ssenaa, sting1012, sunjhm, sunjinzoguk, sunlines, sword_life, sy768, syeli, take6, tedd97, teoteo, tmdals67, tns02, tongguo, toomanyids, tophkkim, un-hee70, up977, vavi1982, wdminwan, webtown1004, wersdfwer, wildjin1975, wisekal, wish2001, withinspirit, wjhshj1, wldustodrkr, wlgus8942, wow-_-0416, wowls-1, wsy1486, xiabeauty, yal0411, ydhmh, yeeggo, yj6191, yongun0964, yoospirit, youngah715, youn-sun7, yousan167, yp051132, yun80129, zolim3000, zoom003, zz355

폭력과 존엄 사이

초판 1쇄 펴낸날   2016년 11월 21일
초판 2쇄 펴낸날   2017년 8월 11일

지은이   은유
기획   지금여기에
펴낸이   박재영
편집   임세현, 강혜란
디자인   당나귀점프
제작   제이오

펴낸곳   도서출판 오월의봄
주소   서울시 마포구 양화로 133, 1605호
등록   제406-2010-000111호
전화   070-7704-2131
팩스   0505-300-0518

이메일   maybook05@naver.com
트위터   @oohbom
블로그   blog.naver.com/maybook05
페이스북   facebook.com/maybook05

ISBN   979-11-87373-03-2 03300

이 도서의 국립중앙도서관 출판예정도서목록(CIP)은 서지정보유통지원시스템 홈페이지
(http://seoji.nl.go.kr)와 국가자료공동목록시스템(http://www.nl.go.kr/kolisnet)에서
이용하실 수 있습니다. (CIP제어번호: CIP2016026936)

• 책값은 뒤표지에 있습니다. 잘못된 책은 바꾸어 드립니다.